CONSEIL D'ÉTAT,

CONSEIL ROYAL,

CHAMBRE DES PAIRS,

VÉNALITÉ DES CHARGES,

DUEL ET PEINE DE MORT;

PAR M. BAVOUX.

PARIS,

A LA LIBRAIRIE DE J.-P. AILLAUD,

QUAI VOLTAIRE, 11.

1838

CONSEIL D'ÉTAT,

CONSEIL ROYAL, CHAMBRE DES PAIRS, ETC.

PARIS. — IMPRIMERIE DE CASIMIR,
Rue de la Vieille-Monnaie, n. 12.

CONSEIL D'ÉTAT,

CONSEIL ROYAL,

CHAMBRE DES PAIRS,

VÉNALITÉ DES CHARGES,

DUEL ET PEINE DE MORT;

PAR M. BAVOUX.

PARIS,

A LA LIBRAIRIE DE J.-P. AILLAUD,

QUAI VOLTAIRE, 11.

1838.

INTRODUCTION.

Plusieurs bons esprits sont préoccupés de la pensée que les gouvernements absolus de l'Europe ne nous pardonnent point encore notre révolution de 1830, par la raison qu'elle a fait brèche au traité de la sainte-alliance, et qu'ils ne peuvent, par leur silence, consacrer le dogme de la souveraineté nationale, qu'elle a proclamé.

Nous n'avons point à nous inquiéter de l'étranger, ni à rechercher si, en admettant que ce fût bien sa pensée, il eût jamais déclaré la guerre pour nous la faire admettre. Les justes motifs qui nous ont soulevés pour la défense de nos institutions, lorsqu'elles ont été imprudemment attaquées par ceux-là qui n'avaient d'appui que sur elles, notre conduite depuis lors, répondent assez clairement de nos intentions de ne pas troubler nos voisins, tant qu'ils nous laisseront maîtres d'établir chez nous tel gouvernement que nous jugerons à propos de nous donner, sans prétendre jamais le leur imposer. Sur ce principe, les peuples pourraient baser aussi un traité de sainte-alliance, qui aurait au moins autant de force que celui que les cabinets étrangers ont tenté de nous opposer.

Tout le monde, en Europe, est payé pour savoir ce que coûtent les guerres, même quand elles se terminent par la victoire. Enfin, on peut croire qu'aujourd'hui aucun gouvernement, même absolu, n'a la puissance d'entreprendre une guerre qui ne serait pas nationale, ou vivement désirée par le pays qui aura à en supporter les charges et les chances.

Ne nous occupons donc que de notre intérieur : c'est dans la vue de concourir à cimenter nos institutions, et améliorer quelques points de notre législation, que je publie des idées que le calme fait naître, et que le besoin de consolidation fortifie chaque jour.

I. Le Conseil d'État, avant la révolution, sous l'empire et sous la restauration, loin d'avoir soutenu le gouvernement, l'a compromis : si les notabilités qui le composaient ne manquaient ni de lumières ni de bonnes intentions, il en faut conclure que la faute n'est pas aux hommes, mais à l'institution.

Destinée à faire respecter la division des pouvoirs, pourra-t-elle jamais y parvenir si elle fait partie de l'un d'eux ? Incorporée à l'administration, dont elle est l'agent supérieur, bien que dans l'esprit constitutionnel les ministres seuls dussent avoir la supériorité, quelles attributions peuvent lui appartenir qui ne soient pas prises sur celles d'un autre pouvoir ? Donner des avis est bien peu, surtout si on lui en demande rarement, et qu'encore rien n'oblige de les suivre. Il faut donc lui constituer un autre domaine. C'est pour l'établir qu'a été créé le contentieux administratif, avec mission de prononcer sur toutes les difficultés qui en naîtraient.

Mais qu'est-ce que ce contentieux administratif? qu'est-ce qui va le distinguer du contentieux ordinaire? où sera la limite séparative de l'un et de l'autre? Élever une juridiction administrative à côté de la juridiction ordinaire, n'est-ce pas placer l'autorité appelée à statuer sur le contentieux, en collision immédiate avec le grand corps judiciaire, juge général de toutes les contentions, quelles qu'en soient l'origine et la cause ?

On cherche dans la charte cette double justice; on ne trouve ni dans celle de 1814, ni dans celle de 1830, rien qui la fonde, rien même qui l'énonce : au contraire, plusieurs textes l'excluent, de sorte qu'à vrai dire le Conseil d'État ne s'appuie pas plus sur le texte que sur l'esprit de l'acte constitutif.

La place n'est donc pas faite pour deux justices, moins encore pour une administrative, qui, sous cette rubrique, dépouille la justice ordinaire, juge même encore ce qu'elle a déjà jugé : la justice criminelle, la justice commerciale, sont une section de la justice commune ; la justice militaire elle-même en ressort pour sa compétence : ainsi, une justice administrative ne peut s'établir sans collision avec celle du droit commun. Le danger est bien autre, quand cette justice de pure tolérance, puisqu'elle n'a aucune racine dans notre charte, vient prendre la part qui lui était faite sous le gouvernement absolu et sous l'empire, deux régimes avec lesquels elle pouvait concorder ; et, sous le régime actuel, vient se rendre juge de ce qui appartient aux tribunaux, le leur enlève lorsqu'ils en sont saisis, et même après qu'ils ont prononcé, déchire les arrêts des Cours souveraines, y ajoute ceux de la Cour de Cassation, quand besoin est. Sa prépondérance reconnue, où est la souveraineté, où est l'indépendance judiciaire ? L'équilibre des hauts pouvoirs est tout à fait rompu.

Il faut conclure de pareils faits que l'existence seule du Conseil d'État est une menace continuelle à l'autorité judiciaire : nous ne voyons pas qu'il y ait remède possible à ce mal, qu'en donnant à la puissance établie pour juger, la plénitude des droits que la charte lui attribue, sans atténuation possible par un corps dont elle ne mentionne même pas l'existence.

En admettant la conservation de ces deux autorités judiciaires, la création d'un corps mixte, qui ferait la part de chacune, serait un remède dans le mal, mais ne le détruirait pas ; il laisserait subsister le grave inconvénient des deux juridictions, inconvénient aussi préjudiciable au gouvernement qu'aux justiciables, qui, ne sachant souvent à quelle justice s'adresser, se trouvent fréquemment, et à grands frais, transportés de l'une à l'autre.

II. Il y a les mêmes craintes à concevoir à l'égard du Conseil royal de l'instruction publique, qui ne nous paraît pas être plus fondé sur la charte que sur les lois. Le danger n'est pas aussi grave, puisqu'il ne met pas aux prises deux des trois grands pouvoirs, mais seulement l'autorité d'un ministre du roi, au-dessus ou à côté duquel il se trouve superposé.

Ce Conseil, prétendant à un pouvoir qui lui est propre, domine nécessairement le ministre, ou l'entrave : sous l'un ou sous l'autre rapport, il ne peut coexister ; il le peut d'autant moins que le ministre est le seul responsable de ce qui se passe dans son département, puisqu'il en est et doit être l'unique chef. Le Conseil royal étant formellement affranchi de toute responsabilité, il y aurait lacune ou solution de continuité dans la responsabilité constitutionnelle, puisqu'on ne pourrait accuser le ministre pour le fait d'un corps qui opère sans lui, et souvent contre lui.

Les attributions administratives du Conseil sont incompatibles avec celles d'un ministre du roi, qui n'est nommé que pour administrer.

Il en est de même pour les attributions judiciaires et réglementaires qu'il exerçait, alors qu'il était corps unique supérieur.

III. La Chambre des Pairs étant un grand corps de l'État, créé par la charte de 1814 dans un autre but et avec un autre pouvoir que le Sénat, avait besoin d'explications, pour faire comprendre une dénomination si peu appropriée à ses fonctions, et surtout à notre société actuelle, où tous les Français sont égaux en droits.

Nous avons cherché à concilier les discordances qui apparaissent d'une manière assez défavorable entre cette Chambre et la Chambre élective : les attributions judiciaires données à un corps non judiciaire doivent être restreintes plutôt qu'étendues ; les lois qui les fixeront nécessairement, prenant en considération et en souvenir les faits qui se sont passés, ne manqueront sans doute pas d'expliquer la réserve de la charte dans le sens qui, lui laissant sa juste application, resserrera le cercle des personnes.

Faire fonctionner trop fréquemment la Chambre des Pairs comme cour de justice, c'est la présenter au pays en dehors des fonctions pour lesquelles la charte l'a instituée, la mettre en face des passions et des partis ; c'est lui faire courir le risque d'être atteinte par l'action et la réaction qui les tourmentent sans cesse.

IV. Notre révolution de juillet, sur laquelle nos destinées doivent aujourd'hui se fonder, se trouvant placée au milieu des priviléges et des monopoles rétablis par le gouvernement consulaire, qui préparait déjà son avenir, il m'a été impossible de ne pas signaler la nécessité de la débarrasser d'un entourage qu'elle ne peut conserver sans se nuire.

Il faut bien se garder de croire que cette révolution, parce qu'elle a été faite en trois jours, serait une base trop légère ; c'est parce qu'elle a été si prompte qu'elle doit commander plus impérieusement le respect ; c'est parce que les opinions étaient toutes formées, qu'elles ont débordé par torrents, et enlevé sans possibilité de résistance des positions déjà conquises une première fois, et qui lui avaient été arrachées ou surprises.

Ceux qui accusent le gouvernement d'avoir trop promptement étouffé cette révolution, ou d'en avoir trop retenu l'élan, peuvent bien faire entendre quelques justes plaintes ; mais aussi ne peut-on pas reconnaître aujourd'hui les dangers de s'abandonner à l'effervescence qu'elle avait fait naître ? Si elle eût eu son libre cours, n'était-elle pas de nature à dépasser les bornes, et, à la suite d'une révolution si légitime dans sa cause, si prompte dans ses effets, nous engager dans une série de révolutions et de guerres, qui eussent pu nous faire perdre le bénéfice de la position conquise ? Peut-être eût-il été possible de contenir le mouvement, au lieu de l'arrêter ; mais, il faut le dire, les émeutes dans les rues, les exaltations passionnées qu'elles ont manifestées, ont bien pu rejeter non-seulement le gouvernement, mais plusieurs chauds partisans de cette révolution, vers les points menacés. Au moment où la liberté, la propriété, ont été compromises, ceux qui tenaient à l'une comme à l'autre sont venus les défendre ; ils ont prêté appui au gouvernement, et sont restés avec lui, même dans le mouvement stationnaire qui a été la suite naturelle de ces violences.

C'est précisément parce que la révolution était faite par la masse presque intégrale de la nation, parce que la classe ouvrière avait été la milice combattante, qu'il était impossible de satisfaire tous les besoins ; on ne pouvait même le tenter qu'en attaquant les moyens d'existence établis, pour créer ceux qui se faisaient connaître. La révolution alors, devenant démocratique, aurait jeté l'alarme au dehors, et, sous prétexte de menace d'invasion, rendu nationale pour notre ennemi une guerre qu'il eût présentée comme nécessité de se préserver des maux que nous nous préparions à lui porter.

En pareille situation, notre gouvernement a pu chercher à calmer l'intérieur pour donner sécurité à l'extérieur. Si le pays juge que la compression a été trop forte, il a tous les moyens légaux de le faire connaître ; c'est par les mandataires qu'il enverra à la Chambre, par ses choix dans les Conseils généraux d'arrondissement, de commune, dans la garde nationale, qu'il peut s'exprimer. La presse doit partout se faire entendre. Il faut, ainsi que je l'ai entendu énoncer par un de nos hommes politiques les plus habiles, que chacun fasse son métier. Si ces signes indicateurs n'existent pas, s'ils se manifestent même dans un sens contraire, si l'opposition de la Chambre se ralentit, le gouvernement n'est-il pas autorisé à conclure qu'il suit le mouvement de l'opinion?

Il est un besoin sur lequel, cependant, il ne peut se tromper, c'est celui qui lui est démontré de toutes parts, de laisser introduire partout la plus grande liberté industrielle, de briser par conséquent toutes les entraves qui la gênent. Aujourd'hui les populations s'accroissent; il faut aussi accroître les moyens de les faire exister. Si la carrière militaire, la carrière civile même, sont singulièrement restreintes, la carrière industrielle doit être ouverte à deux battants pour tout le monde. Les charges d'avoués, de notaires, d'huissiers, de commissaires-priseurs, d'agents de change, courtiers, doivent, comme pour l'avocat, pour le fabricant ou le commerçant, être accessibles à tous les prétendants. La clef d'or qui ouvre les portes est dans peu de mains. La masse est exclue; un petit nombre vit là où un plus grand nombre pourrait exister; voilà un mal grave. C'est dans la vue d'y apporter remède, pour apaiser les cris qui s'élèvent de tous les coins de la France, que je viens indiquer l'un des moyens propres à opérer le redressement. Il faut enfin venir au secours des populations entassées qui se présentent; il faut mettre en pratique la liberté industrielle, et laisser le public choisir l'homme qu'il jugera le plus digne de sa confiance, au lieu de le contraindre à prendre celui que la fortune ou la hardiesse imprudente viennent lui offrir. La concurrence admise, elle ne pourra se soutenir que par le travail: plus d'individus y seront appelés; le public aura plus de choix; il ne sera pas obligé de payer en raison des avances d'argent que les titulaires sont obligés de faire. L'État déchargera sa responsabilité; tout le monde gagnera à un tel changement.

Le mal étant universellement reconnu, le seul obstacle paraît être uniquement dans les sommes nécessaires pour le faire cesser. Nous croyons qu'avec la distinction des cautionnements et des réparations, on peut, sans grever le trésor, arriver à un résultat satisfaisant. Un simple virement mettra facilement l'État à même de rembourser les premiers ; il laissera les indemnités à la charge de ceux qui se présenteront pour profiter de la concurrence qu'ouvrira la loi nouvelle.

Ce point ne touche pas nos institutions ; il se rattache seulement à notre législation, qu'il est facile d'approprier à nos besoins.

V. La nouvelle jurisprudence de la Cour de Cassation sur le duel, venant bouleverser de fond en comble celle qui avait toujours été admise jusqu'à ce jour, ne peut passer sans observations ; nous craignons qu'au lieu du résultat qu'on cherche à obtenir, elle ne se présente comme aussi barbare que le fait auquel elle vient s'appliquer.

Comment expliquer la récente rigueur d'une loi qui, depuis trente ans, ne produit aucune peine ; loi qui s'exécutait d'autant plus naturellement, que la législation dont elle a pris la place était non-seulement silencieuse, mais abolitive de toute peine ?

En admettant que la nouvelle interprétation entraînât les Cours royales à livrer aux Cours d'assises les duellistes et les témoins, la jurisprudence n'en sera pas pour cela fixée comme elle l'eût été en toute autre matière.

Si les jurés refusent cette interprétation ; si, tout en reconnaissant les graves inconvénients du duel, ils reconnaissent aussi la force impérieuse du préjugé qui l'a incrusté dans nos mœurs ; si dès lors ils se regardent dans l'impossibilité de déverser la mort sur celui qui l'aurait donnée, en se défendant loyalement les armes à la main, pour défendre son honneur et sa vie ; s'il leur répugne d'assimiler ce cas à celui

d'un assassinat qui n'a d'autre motif que le vol ou la vengeance, n'en résultera-t-il pas ce mal grave que la loi sera
sans force, comme toutes celles de nos anciens rois? Si
elle se présentait comme faisant suite à ces anciennes lois,
malgré l'intersection opérée par nos assemblées nationales,
elle se trouvera, avec les arrêts de la Cour de Cassation et des
Cours du royaume, en désaccord avec l'opinion publique
légalement représentée par les jurés : danger grave qui tend
à affaiblir le respect dû à la loi, et l'autorité qui doit toujours s'attacher aux arrêts de la justice.

Cette jurisprudence impitoyable, loin d'étouffer de vive
force les duels, les ferait, pour ainsi dire, consacrer par le
jury. Je crois pouvoir présenter une interprétation propre
à éviter un relâchement trop grand et des peines trop sévères. J'ai été conduit à penser, sur cette question, que
l'abolition de la peine de mort était plus propre à attaquer
et affaiblir le fatal préjugé du duel, que la sévérité des lois
ou de la jurisprudence qui, le saisissant en face et avec des
peines trop absolues, produiront plutôt l'irritation que le
calme.

Il est impossible que si le législateur recule devant l'application de la peine de mort aux plus grands criminels, les
particuliers se croient plus puissants que lui, en se la donnant
volontairement dans des duels. Quittant les raisonnements
abstraits sur lesquels les partisans de l'abolition se sont
fondés, j'ai examiné la peine dans ses effets et dans ses conséquences; la mettant en regard avec le duel, je suis autorisé à en conclure que sa radiation de nos lois est de nature
à amener dans nos mœurs l'extinction, peut-être l'horreur
du duel. Puissé-je, sur ce point comme sur ceux qui pré-
cèdent, avoir préparé la discussion et l'examen du gouvernement et des Chambres !

CONSEIL D'ÉTAT.

CHAPITRE PREMIER.

Idées générales sur le Conseil d'État. — Difficultés
de l'établir.

Si notre révolution de 89 fit prompte et bonne
justice de ces institutions judiciaires et semi-ju-
diciaires qui, sous toutes sortes de noms et pour
satisfaire toutes sortes de besoins et d'ambitions,
s'étaient infiltrées avec le temps dans notre vieille
monarchie, le Conseil d'État, le grand Conseil,
qui avaient pris position dans le cœur même du
gouvernement, afin, disait-on, de lui servir
d'auxiliaire et de préservatif contre la justice ordinaire, furent naturellement enveloppés dans la
proscription générale.

Le gouvernement de l'an VIII, d'où, aux biens
nationaux près, date la contre-révolution, ne
manqua pas de ressaisir un levier qui s'associait
si bien à ses projets d'avenir.

Les mots liberté, égalité, même de république française, restèrent écrits partout : en fait,
point de liberté de presse, pas plus de liberté individuelle; les distinctions de caste, de rang, de

noblesse, successivement rétablies partout, avec les dotations et les majorats qui ne tardèrent pas à les soutenir ; le clergé reconstitué avec son ancienne hiérarchie d'évêques, d'archevêques et de cardinaux. Il y eut même sous l'empire le projet de rendre des aumôniers aux régiments, ainsi qu'ils en avaient autrefois. On fit reprendre aux établissements judiciaires les dénominations de *Cours de justice*, avec les anciennes qualifications de premier président , président de chambre, conseillers, procureurs et avocats-généraux, au lieu de tribunaux de première instance et d'appel, président, juges et commissaires du gouvernement.

L'expédient imaginé de se débarrasser d'une assemblée délibérante que, depuis la Constituante, la France s'était enorgueillie et habituée d'entendre ; la substitution d'une Chambre muette nommée par le sénat, fut un acheminement à toutes les invasions : le tribunat, qui n'avait que le droit de discussion, présenté comme accessoire plutôt que comme élément indispensable de la législature, fut mutilé d'abord par une élimination arbitraire de cinquante membres, puis supprimé d'une manière absolue. De cette manière, il ne resta plus de voix que pour louer ; le gouvernement resta le maître absolu de toutes les positions, après avoir conquis celle-là.

Le Conseil d'État, à raison de sa propre constitution d'abord, et ensuite des services éminents , il faut le dire, qu'il rendit pour la rédaction de nos grands corps de lois; à raison encore de ce que, dans les premiers temps, il était presque toujours présidé par le premier consul, en qui la France avait placé toutes ses espérances, acquit une immense influence : il était le foyer d'où tout partait, il mettait en harmonie les pouvoirs civils et militaires confondus sur la même tête.

Avec une consistance de cette sorte, que fortifiaient encore tous les accidents actuels et tous ceux qui survinrent, le Conseil d'État recevait des attributions ostensibles, en harmonie avec le nouvel ordre de choses : mais par delà, et sous les yeux d'un maître avec lequel et pour lequel il travaillait, aucun pouvoir ne lui a échappé.

Qui n'eût cru que le gouvernement pour lequel il était si bien approprié disparaissant, ce conseil, qui semblait faire corps avec lui, ne dût s'évanouir en même temps? Il n'en fut point ainsi : la restauration n'avoua rien dans sa charte nouvelle; mais à la suite de toutes les institutions qu'elle avait réservées, on lui fit glisser presque furtivement le Conseil d'État, dont elle n'avait pas parlé; le personnel seul fut organisé; l'esprit réactionnaire de 1815 ne tarda pas à s'en emparer. Malgré que les attributions précédentes ne pussent nullement s'assortir avec l'ordre constitutionnel régulier que nous venions de recevoir, le fait seul a constitué sa possession ; les énonciations qui se trouvent dans quelques lois et dans le budget, tout en justifiant son existence, laissent à examiner sa nécessité, et, dans le cas où elle sera reconnue, à tracer au juste le cercle dans lequel il devra se mouvoir. Aussi les ministères qui se sont succédé depuis vingt-cinq ans ont tous reconnu les vices de concordance de l'ancien Conseil d'État avec l'ordre nouveau, et particulièrement avec celui de notre dernière révolution ; ils ont senti le besoin d'organiser la justice administrative, et de déterminer clairement les pouvoirs d'un corps qui, sous ce titre fastueux de *Conseil d'État*, les exerce avec d'autant plus de facilité d'abus, qu'ils étaient très-étendus sous l'ancien régime comme sous l'empire : aussi, dans les mains de la restauration, devint-il un pouvoir menaçant pour l'ordre judiciaire, comme pour l'exercice des droits politiques.

Un corps qui n'a d'autres règles à suivre que celles qu'il s'est données ; un corps toujours identifié avec les ministres, tant pour les avis qu'ils lui demandent que pour les décisions qu'il rend tant sur leurs propres actes que sur ceux de leurs agents ; un corps dont on peut à volonté changer le personnel en masse comme en détail, que les ministres peuplent de créatures éprouvées, qu'ils choisissent pour le temps et les circonstances, a eu jusqu'à ce jour une existence passagère qui ne peut se perpétuer plus longtemps.

Cependant il est si difficile d'encadrer cette institution dans un régime constitutionnel comme le nôtre, que toutes les tentatives faites jusqu'à ce jour n'ont montré que des embarras.

Dans la session de 1834, un projet d'organisation fut présenté à la Chambre des pairs; cette Chambre, nommée aujourd'hui par les ministres et presque conservée pour eux, n'a généralement pas la mission de les combattre ni même de les critiquer. Elle adopta bien le projet avec quelques amendements qui n'en dérangèrent pas l'économie, mais la Chambre des députés n'y vit que des difficultés de toute nature; elle ne put même arriver, après beaucoup de discussions, à convenir des bases d'un rapport.

A la session suivante, le garde des sceaux, croyant sans doute simplifier la loi organique et en rendre l'admission plus facile, imagina de dédoubler la formation du Conseil d'État et les attributions qui devaient lui appartenir. Cet essai ne réussit point, précisément à cause de cette hachure, et que les besoins étaient moins dans la reconnaissance d'un corps que dans la fixation des pouvoirs qu'il était convenable de lui donner; le rapport proposa l'ajournement de la proposition jusqu'à ce que le gouvernement en apportât une complète.

Depuis lors il n'en a plus été question.

Quoi qu'ait dit M. Persil, alors garde des sceaux, qu'aujourd'hui l'utilité de cette institution n'est plus contestée, nous n'acquiesçons à cette pensée qu'autant qu'elle signifierait que le Conseil d'État a reçu depuis la révolution un renouvellement presque entier ; que n'étant plus, sans doute parce que le ministère lui laisse plus de liberté dans son action, agressif des droits du citoyen et de l'indépendance judiciaire, comme l'était l'ancien , ses décisions s'exécutent sans faire naître ni difficulté , ni résistance. Cette approbation silencieuse de ses actes n'est pas suffisante pour empêcher l'examen de l'institution en elle-même , et dans ses rapports avec le régime régulier sous lequel nous cherchons à nous placer ; c'est dans un temps calme comme celui où nous nous trouvons , qu'il est convenable de s'en occuper. Nous croyons qu'il est du devoir de chacun d'apporter son contingent d'observations sur une question qu'on ne saurait environner de trop de lumières , à raison de l'effet qu'elle peut exercer dans notre ordre constitutionnel. Nous allons rechercher si ce corps n'est pas seulement un rouage inutile , mais s'il ne peut devenir , comme sous l'empire et sous la restauration, un corps dangereux, de nature à troubler l'action des pouvoirs établis. S'il ne marche pas avec le ministère , ce qui pourrait facilement arriver dans le cas où l'inamovibilité que plusieurs réclament pour lui , lui serait accordée, ne peut-il pas continuellement l'entraver ? S'il n'est que son expression obligée, ne prête-t-il pas aux agents responsables du pouvoir exécutif un appui qui menacerait les droits du citoyen ? Tant que la loi n'a pas parlé, l'arène est ouverte pour toutes les discussions : je demande seulement que l'on ne voie, dans ce que j'écris avec la plus grande conviction, aucune application aux personnes, pour lesquelles je professe, en général comme en particulier, la plus haute estime : je désavoue à l'avance tout ce que la susceptibilité humaine pourrait y découvrir ; je déclare très-positivement que je n'y vois qu'une question théorique et constitutionnelle.

CHAPITRE II.

Ce qu'il faut entendre par Conseil d'État : ce qu'il doit être.

Le Conseil d'État, tel qu'il existait sous l'Empire, avait deux attributions distinctes : par l'une, c'était alors la principale, il donnait des avis ; par l'autre, il rendait en quelques cas des décisions : aujourd'hui il n'a plus, à vrai dire, que la première. Pour fixer de suite un peu nos idées sur ce point, écoutons ce qu'en disait en 1828, en s'occupant de la juridiction administrative dans la *Revue française*, n° 6, un publiciste que nous avons vu depuis entrer dans les conseils du roi; les talents incontestables qu'il y a montrés donneront plus de poids à cette opinion, si ses écrits, comme ses discours publics, ont été un des titres qui l'ont naturellement élevé et présenté au choix du prince. M. de Broglie a un caractère et un esprit trop élevés pour le confondre avec tant d'autres qui n'ont fait de leurs doctrines et de leurs écrits que trafic et marchandise, et ont brisé sans pudeur, aussitôt qu'ils n'en ont plus eu besoin, le marchepied sur lequel ils ont monté pour prendre leur position.

Les vues de M. de Broglie sont tellement puisées dans le fond même de la question et présentées avec une si grande clarté, que nous n'avons pas cru devoir les morceler : elles n'auront jamais d'ailleurs toute la publicité qui leur est due.

« Trois branches de puissance publique :

« 1° Puissance législative ;

« 2° Puissance judiciaire ;

« 3° Puissance exécutive.

« 1° La Puissance législative déclare les droits des citoyens, leur impose des obligations qu'elle place sous la garantie d'une sanction pénale, règle les choses qui doivent être faites dans l'intérêt commun, et détermine les prélèvements soit en hommes, soit en argent, qui sont nécessaires ;

« 2° La Puissance judiciaire intervient lorsque les injonctions du législateur sont violées ou méconnues ; son office est *d'appliquer* la loi, après avoir constaté l'infraction, et d'infliger la peine ;

« 3° Quant au Pouvoir exécutif, il se divise lui-même en trois parties, il a trois objets, il peut être considéré sous trois rapports :

« 1° Il *contraint* les citoyens à *l'exécution* des lois et des arrêts ; il est *le bras* de *la loi*. C'est là le pouvoir *exécutif* proprement dit.

« 2° Il organise la force publique, il gère en bon père de famille les intérêts communs du pays, il est l'homme d'affaires, l'intendant du pays ; ainsi l'État a des bois, il veille à leur aménagement, aux enchères, à la rentrée des produits ; il vend et achète, il loue et contracte enfin de toutes manières. C'est le *pouvoir administratif*.

« 3° Il est dans certains cas le *substitut* du pouvoir législatif...

« Dans tout état bien constitué, les citoyens doivent avoir les moyens nécessaires de se plaindre des actes émanés des trois pouvoirs ; mais il faut que ces moyens soient en harmonie avec la nature des pouvoirs dont ils se plaignent, et devant lesquels ils exposent leurs griefs.

« Ainsi, les citoyens lésés par un *acte de la législature* elle-même pourront exposer leurs griefs, mais à qui ?

« Aux tribunaux ? Non évidemment : les tribunaux ne jugent pas, ne doivent pas juger les lois, mais les appliquer, bonnes ou mauvaises.

« Les parties lésées s'adresseront à la législature elle-même par voie de pétition.

« Qu'un citoyen soit lésé par un *acte du pouvoir judiciaire*, il se pourvoira devant le tribunal supérieur, s'il y a fausse application de la loi ; et devant le tribunal criminel, s'il y a dol ou corruption de la part du juge.

« Le citoyen est-il lésé par le *pouvoir exécutif*, se plaint-il que le gouvernement, en cette qualité, a usé de contrainte à son égard, il y a délit, c'est du ressort de la justice ordinaire. Il doit en être de même lorsque le citoyen impute au gouvernement, considéré *comme administrateur* des biens communs, d'avoir violé ou mal rempli les conditions d'un contrat.

« Ainsi, sous ces deux premiers rapports , il n'y a pas lieu à ce qu'on appelle contentieux administratif; les questions qui s'élèvent entre le pouvoir exécutif et les citoyens sont de véritables questions judiciaires. Il s'agit de savoir si les lois générales ont été ou non violées ou méconnues, s'il y a infraction constatée, et d'infliger la peine ou de dire le droit tel qu'il résulte des faits. On ne peut donc échapper à la juridiction ordinaire.

« Mais si l'on considère les actes du pouvoir exécutif sous le troisième rapport, il n'y a plus lieu à l'intervention des tribunaux; dans ce dernier cas, le pouvoir exécutif, exerçant au second degré la puissance législative, n'est plus justiciable des tribunaux.

« Un homme, propriétaire riverain d'un cours d'eau, réclame l'autorisation de construire un moulin; l'administration la lui refuse; il prétend qu'elle a tort.

« Qui prononcera ? Ce ne sera pas la juridiction ordinaire; un pareil acte ne peut tomber dans son domaine.

« On ne peut contester au pouvoir exécutif *le droit* de refuser l'autorisation demandée, le demandeur ne fait qu'exposer ce que sa position peut avoir de fâcheux si l'autorisation ne lui est pas accordée; il ne demande pas l'exécution d'une *obligation*, l'application d'une loi qui fasse naître un

droit à son profit; dès lors, il n'y a pas réellement contention judiciaire. D'où il suit que faire
intervenir les tribunaux, ce serait leur donner
une attribution qui serait contraire à la nature de
leur office. »

L'auteur pense même qu'il n'est pas nécessaire,
dans ce dernier cas, c'est-à-dire lorsque le pouvoir exécutif a agi comme substitut du pouvoir
législatif, de former des tribunaux administratifs,
composés de juges spéciaux, inamovibles, indépendants, prononçant publiquement et selon des
formes légalement établies.

Les décisions du pouvoir exécutif, agissant en
qualité de délégataire du pouvoir législatif, sont,
selon lui, des quasi-lois, des lois spéciales; or,
les décisions ne peuvent être soumises à *des juges*
proprement dits. Il ne s'agit plus là de l'application de la loi, mais de sa sagesse, de sa justice,
de son opportunité. Or, des tribunaux, quelque
titre qu'on leur donne, qu'on les appelle ordinaires ou administratifs, ne sont pas juges de la pru-
dence des dépositaires du pouvoir, du degré de
sagesse de leurs décisions dans les matières dont
l'appréciation leur est laissée. Mais quel sera
donc le juge de ces décisions? resteront-elles
sans contrôle? le principe posé au commencement, et suivant lequel tout citoyen lésé doit
avoir les moyens de se plaindre, sera-t-il violé?
Non.

« La plainte dont il s'agit doit être portée devant

ce qu'on est convenu d'appeler l'Administration elle-même, mais au degré supérieur.

« Ainsi, vous êtes lésé par l'arrêté d'un maire? plaignez-vous au sous-préfet.

« Par l'arrêté d'un préfet, adressez-vous au ministre, et en dernière analyse devant les Chambres, afin qu'elles fassent justice au besoin des mauvais ministres. Si elles ne le font pas, c'est à la presse et aux électeurs d'y pourvoir.

« En résumé, toute réclamation élevée contre un acte quelconque du gouvernement statuant de puissance à sujet; toute réclamation dont le but est d'obtenir soit la réformation, soit la révocation d'un tel acte; toute question qui porte sur le mérite, sur la justice, sur l'opportunité d'une mesure prise par le gouvernement, *discrétionnairement* et dans la limite de ses pouvoirs, doit être portée devant le gouvernement lui-même; c'est là le véritable contentieux administratif, il ne doit pas y en avoir d'autres.

« Toute plainte, au contraire, qui se fonde sur les termes exprès d'une loi, d'un décret, d'une ordonnance ou d'un arrêté, toute question dont la solution se trouve d'avance écrite dans un texte, tellement que, les faits étant vérifiés, il ne reste plus qu'à voir ce que porte le texte invoqué, jusqu'à quel point il s'applique ou ne s'applique pas, est du ressort des tribunaux. »

Voilà le terrain bien déblayé, et la question bien posée; il y aurait seulement lieu d'accorder avec beaucoup de réserve la délégation législative; il faudrait en tout cas la circonscrire dans des limites bien précises : la puissance législative, planant sur tout le pays, puisqu'elle oblige tous les citoyens, embrasse tous les intérêts, n'agit jamais seule comme chacune des autres : elle est associée pour tous ses actes à la puissance exécutive; elle est de plus très-complexe en elle-même, car elle se compose de trois éléments, dont deux du moins sont hétérogènes. L'élément national intervient d'une manière très-efficiente; l'association du pays à ce pouvoir lui donne tous les moyens de contrôle et de redressement : voilà pourquoi il ne faut pas accorder au pouvoir exécutif le droit trop étendu de supplémenter les lois; s'il y a lacune, s'il y a obscurité, il vaut mieux interpeller le pouvoir législatif que de remettre à son coassocié cette législature du deuxième degré qui d'une part ne serait qu'un acte de l'un qui devrait être éclairé et soutenu par les deux, et qui, d'autre part, pourrait amener collision ou contradiction entre deux pouvoirs qui, placés différemment, peuvent agir et voir si différemment.

La théorie de M. de Broglie est simple; en l'appliquant, il n'y a point de Conseil d'État : les ministres formant le Conseil du prince prononceront dans tous les cas réservés au gouvernement.

Ne nous contentons pas cependant de cette théorie : longtemps nous avons eu, nous avons encore un Conseil d'État. Cherchons à voir s'il a apporté à la machine gouvernementale une action qui lui manquait; si, au contraire, l'action qu'il a eue n'a pas dérangé l'harmonie des pouvoirs.

Le Conseil d'État, aujourd'hui, ne rend pas, à proprement parler, de décisions: par là, on ne pourrait plus expliquer le comité du contentieux, qui prononce cependant avec des formes déterminées tant par les nouveaux règlements que par l'ancien de 1738, où l'on puise lorsqu'on le croit nécessaire, et, depuis la révolution de juillet, avec publicité d'audience et plaidoirie quand un avocat se présente, si l'on ne savait que le comité du contentieux imite ce qui se pratiquait sous la restauration, ce que celle-ci avait emprunté de l'empire, où tout se rapportait à un seul : c'est-à-dire que, malgré la différence qui existe entre un état constitutionnel et celui qui ne l'est pas, le comité ne fait qu'indiquer la date de la délibération, et demande au roi son approbation, qui intervient en forme d'ordonnance.

Qui ne voit que cette forme est une irrégularité évidente? C'est, d'une part, commettre le nom du roi dans des altercations, ou, si l'on veut, des contestations particulières, avantage qu'il est sûrement bien loin de désirer, et qu'il faut récuser pour lui, sans hésiter ; c'est, d'autre part et au plus vrai, demander l'approbation du ministre signataire: de telle sorte qu'il est constant et avoué que les décisions du Conseil d'État, même en matière contentieuse, ne peuvent être quelque chose qu'avec la permission, ou, si l'on veut, le consentement ministériel.

Nous n'avons pas besoin d'expliquer ici ni la cause ni les effets de cette marche, qui tient plus à la forme qu'au fond, que nous avons uniquement en vue, ainsi que la suite le prouvera ; nous disons seulement que de quelque part que vienne la décision, soit du Conseil d'État, soit du ministre, soit même, il faut le dire, du roi, puisqu'on fait intervenir ce nom auguste en pareille occurrence, où certainement il n'a que faire, c'est placer sur les côtés de la justice ordinaire une autre justice parallèle, une justice exceptionnelle ; la limite séparative n'étant pas et ne pouvant jamais être tellement bien tracée qu'elle ne puisse être facilement transgressée par l'une ou par l'autre, l'administration s'est toujours réservé le droit de décider s'il y a transgression, et de dessaisir les tribunaux : lui reconnaître ce droit, ce sera consacrer légalement l'abus.

La justice ordinaire, suspectée à raison de l'indépendance qui lui est propre, n'a jamais eu la faculté de revendiquer les affaires qui lui étaient indûment enlevées ; l'administration, au contraire, n'inspirant jamais la même crainte, s'est toujours emparée de ce droit : inégalité choquante qui, de prime abord, présente les conflits de juridiction qui si longtemps ont affligé le pays. Là se trouve une difficulté immense qu'il est impossible

de laisser vaciller au gré des temps et des circonstances, et qui, quoi qu'on fasse, ouvrira toujours
une lutte entre la justice régulière et la justice
administrative qui serait reconnue.

Le gouvernement constitutionnel, toujours en
défiance contre les personnes, remet tout à la loi,
qui, ne portant que sur les généralités, n'est
jamais accessible à un intérêt particulier; expression des besoins publics, elle avertit à l'avance tous
les citoyens. Voilà pourquoi, traçant à chaque pouvoir le cercle dans lequel il doit se renfermer,
elle doit préposer un tiers pour faire rentrer chacun dans sa limite, au lieu de laisser ce soin à
celui des pouvoirs qui entre en collision avec
l'autre.

A mesure que les idées se font jour dans notre
organisation sociale, chacun réfléchit sur l'action
des pouvoirs comme sur les effets qu'ils produisent : la création d'un Conseil d'État n'a pas plus
manqué de bonnes raisons qu'elle n'en manque
aujourd'hui pour la maintenir. A présent que
l'expérience en est faite, nous croyons pouvoir dire
qu'à raison de son attenance au ministère et de sa
position dans le centre du gouvernement, il n'est
point d'institution qui ait plus vivement menacé
les libertés publiques et le pouvoir judiciaire, dont
il a mal à propos regardé qu'il devait être le contre-poids; les preuves s'en puisent tant dans l'ancien que dans le nouvel ordre de choses.

CHAPITRE III.

Organisation ancienne. — Ses empiétements.

Un de nos rois, voyant qu'appeler les magistrats qui étaient alors ses conseillers, à l'administration des affaires du royaume, c'était les détourner de la justice qu'ils devaient à tous, forma un Conseil spécial à qui il donna exclusivement la connaissance des affaires du gouvernement.

Cessant d'être conseillers de la couronne, il était naturel qu'ils en perdissent le titre et qu'ils prissent celui de juges attaché à leurs nouvelles fonctions. Ils conservèrent l'ancien sans prendre le nouveau. En 1810, avec les dénominations de *Cours de justice*, on leur rendit aussi, quoiqu'il n'y eût aucune raison, l'ancien titre de *conseillers*.

Cet ancien Conseil du prince, à raison de la diversité de ses affaires, fut forcé de se dédoubler en plusieurs parties. Après avoir subi nombre de transformations sous les différents règnes, il était, au moment de la révolution de 1789, *Conseil du roi*, divisé en cinq départements :

1° Le Conseil *des affaires étrangères*, spécialement dit *Conseil d'État :* il connaissait de la paix et de la guerre, de tout ce qui était relatif aux négociations avec les puissances étrangères; il était composé d'un petit nombre de personnes choisies par le roi et du ministre des affaires extérieures.

2° Le Conseil *des dépêches*, ainsi appelé parce qu'à son origine ses décisions étaient renfermées dans des dépêches signées par un secrétaire d'État.

Le chancelier de France, secrétaire d'État, les membres du Conseil des affaires étrangères, les ministres et conseillers d'État que le roi y appelait, formaient ce Conseil. Il statuait sur tout le contentieux des provinces, sur la police de l'État et sur toutes les contestations des particuliers qui se liaient à la chose publique.

3° Le Conseil royal *des finances*, où aboutissaient l'administration des finances et des revenus de l'État, les affaires du domaine, les droits de la couronne, les fermes du roi, et tous les différends avec les fermiers et les traitants.

Le chancelier, un chef du Conseil des finances, les ministres et conseillers d'État appelés par le roi, composaient ce Conseil.

4° Le Conseil royal *de commerce*, tant intérieur qu'extérieur.

Il se composait du chancelier, du ministre ayant le commerce dans son département, de ceux des conseillers d'État que le roi jugeait à propos d'y appeler.

5° Enfin le Conseil *des parties*, autrement appelé *Conseil privé*.

Celui-là était le grand instrumenteur : ses attributions étaient indéfinies, puisqu'elles embrassaient toutes les affaires contentieuses entre particuliers, lorsqu'elles étaient relatives à l'exécution des lois et ordonnances du royaume, et à l'ordre judiciaire établi par le souverain.

Il prononçait encore sur toutes demandes en cassation d'arrêts des Cours souveraines, sur les règlements à faire entre elles, sur les conflits, les évocations pour parentés et alliances, les oppositions au titre des offices, etc.

Il n'était pas une affaire qui ne pût se classer sous une aussi vaste rubrique : c'était le levier avec lequel la toute-puissance de nos rois soulevait tous les pouvoirs établis, et faisait rentrer dans son domaine tout ce qui paraissait en être dehors ; c'était, à proprement parler, l'institution dressée contre l'autorité judiciaire pour évoquer les affaires ou anéantir ses décisions.

Le chancelier présidait ce Conseil : le roi était toujours censé y être présent et y avait toujours son fauteuil.

Les membres qui le formaient étaient quatre secrétaires d'État, des conseillers d'État et des maîtres des requêtes appelés par quartier. Le garde des sceaux y prenait aussi séance après le chancelier. Les agents généraux du clergé avaient le droit d'y entrer lorsqu'il y avait une affaire qui intéressait le clergé ; ils pouvaient y faire telles représentations et réquisitions qu'ils jugeaient convenables. Le nombre des juges n'était point fixé ; les voix même des parents ne s'y confondaient pas, comme dans les tribunaux ordinaires : en cas de partage, la voix du chancelier était prépondérante.

Le Conseil de chancellerie, où l'on traitait de toutes les affaires qui intéressaient la librairie et l'imprimerie, faisait aussi partie du Conseil privé.

Il y avait en outre à ce Conseil différentes commissions, soit ordinaires, soit extraordinaires, nommées par le roi pour certaines affaires : ces commissions, ordinairement composées d'un ou deux conseillers d'État et de plusieurs maîtres des requêtes, d'un procureur-général et d'un greffier, rendaient des jugements dans les affaires soumises à leur examen. Quoique ces jugements fussent censés rendus par le roi, on a vu sans cesse les Parlements réclamer contre l'abus : quoique le procès de Jacques Cœur eût été instruit par des commissaires et jugé par le roi en son conseil, le Parlement en reçut l'appel trente-deux ans après.

D'autres fois, quand on avait voulu le dépouiller par une évocation au grand Conseil, il avait retenu la cause : la résistance contre ces commissions, ces évocations, ces empiétements du grand

Conseil, se réitérait fréquemment et énergiquement. Les attributions au Conseil devant être faites par lettres-patentes envoyées au Parlement, celui-ci retenait les lettres délivrées par le prince, et les parties procédaient devant leurs juges naturels.

Pour se soustraire à cet acte d'autorité, l'intrigue imagina de faire un *duplicata* sur lequel les lettres étaient mises à exécution : mais le Parlement, se roidissant encore contre ce nouvel abus, décernait des décrets de prise de corps contre les huissiers qui exécutaient des lettres-patentes sur *duplicata*.

Cette voie interceptée, les ennemis des lois, pour se soustraire à l'autorité régulière des tribunaux, obtinrent du prince, toujours facile à surprendre, que les lettres fussent notifiées par simples missives : mais le Parlement, fidèle à la règle tracée par le chancelier De L'Hôpital, *qu'il doit non pas garder tous les commandements du roi, mais bien garder ses ordonnances qui sont ses vrais commandements, s'opposa encore à ces ordres subreptices, en les regardant comme non avenus.*

Les accapareurs d'un pouvoir aussi monstrueux, multipliant leurs ressources, obtinrent de François Ier, dans son édit de la Bourdaisière, *la réserve d'octroyer de son propre mouvement, pour ancienne cause à ce le mouvant, des lettres pour retenir la connaissance des matières en son Conseil.*

Le prince, entouré d'intrigues, croyait céder à son propre mouvement ; il suivait l'impulsion d'un courtisan avide ou vindicatif. La nation assemblée parla le langage de la vérité à un roi qui ne put se refuser de l'entendre.

Dans l'ordonnance de Blois, Henri III déclara qu'il n'accorderait plus de lettres de son propre mouvement.

Cette ordonnance suivie de celles de 1669 et de 1737 fixèrent la législation sur ce point.

Le droit d'être jugé, la certitude de ne l'être que par son juge naturel et suivant la loi de son pays, telles ont toujours été les bases fondamentales de toute organisation un peu passable : aussi, malgré l'absolutisme d'alors, les Parlements, les divers États-Généraux réclamaient de toute part et revenaient sans cesse contre les usurpations clandestines des infidèles conseillers du prince, et les détournements de la justice régulière.

La nation se joignait aux Parlements ; les États de Tours étaient très-pressants dans leurs remontrances à Charles VIII.

La noblesse, aux États d'Orléans, suppliait le roi « de casser et révoquer toutes évocations, dé- « légations à tous juges extraordinaires, comme « contraires à l'ordre établi en ses justices et de « tout temps gardé, dont n'advient que faute et « oppression du repos public. » Le clergé, aux mêmes États, tenait le même langage.

Le tiers-état adressait les doléances les plus vi-

ves « contre ceux qui font évoquer matières pu-
« res civiles au Conseil privé du roi, où ne se doit
« traiter que matières d'État et de grand poids :
« pour quoi Votre Majesté est suppliée d'ordon-
« ner qu'en son Conseil ne se traitent aucunes ma-
« tières civiles ou criminelles, et en laisser la
« connaissance aux juges ordinaires, par-devant
« lesquels soient renvoyées toutes causes de cette
« qualité pendantes audit Conseil privé. »

Les représentations étaient si instantes, que
Charles IX répondit « qu'il révoquerait et annule-
« rait toutes commissions contraires à justice, et
« qu'on ne passerait à son Conseil à traiter des-
« dites matières contentieuses y pendantes, mais
« qu'il en serait fait renvoi aux juges ordinaires. »

Le clergé lui-même récidiva ses plaintes ; aux
États de 1614, il demandait que tous procès, tant
civils que criminels, se traitassent « par-devant
« les juges ordinaires et par appel aux Parle-
« ments ; qu'il n'y ait d'évocation pour quelque
« cause que ce puisse être, avec défense à tous ju-
« ges, tant souverains qu'autres, d'avoir aucun
« égard aux évocations générales ou particuliè-
« res obtenues du propre mouvement et comme
« extorquées de Sa Majesté par importunité. »

On voit que le clergé, connaissant le mal, n'hé-
site pas à indiquer un moyen tranchant pour le
guérir : les tribunaux étaient dépouillés ; c'est à
eux qu'il demande que la loi prête force, non-seulement en les autorisant, mais en leur enjoignant

de juger malgré les défenses que la subreption seule aurait pu obtenir contre eux.

Ces réclamations se retrouvent dans les registres du Parlement, toutes les fois qu'il portait ses réclamations au pied du trône.

Les gens du roi faisaient corps avec les Parlements; ils ne laissaient passer aucune évocation sans la dénoncer.

Dans la célèbre assemblée des notables qui se tint à Rouen en 1617, le roi reconnut « que dé-
« sirant établir un bon ordre pour l'administra-
« tion de la justice, il a voulu commencer par la
« réformation de son Conseil, et par un bon règle-
« ment des choses qui doivent être traitées audit
« Conseil privé, principalement en le déchargeant
« de toutes matières qui gisent en juridiction
« contentieuse, qui seront renvoyées aux Parle-
« ment, Cour des aides et autres cours ordinai-
« res, où les procès pourront être jugés le plus
« commodément pour le soulagement des sujets
« du roi. »

L'assemblée supplie S. M. d'y ajouter : « et autres
« justices ordinaires auxquelles la connaissance en
« appartient par les ordonnances, sans que par
« commissions particulières elle leur puisse être
« ôtée; ni aussi attribuer plus grande connais-
« sance que celle qui leur appartient par lesdites
« ordonnances. Toutes commissions à ce con-
« traires, dès à présent révoquées, et pour les
« procès et instances pendantes au Conseil qui

« sont de la connaissance desdites cours et juges,
« seront aussi dès à présent renvoyées. »

Ces protestations n'ont cessé qu'en 1789. A
la vue de cet assemblage imposant, « quelle est
« donc, » disait Ferrand dans un ouvrage qu'il
publiait en 1787 , sous le titre d'*Accord des principes et des lois sur les évocations et cassations* ,
« cette conspiration générale que l'avidité, l'in-
« trigue ou l'ambition, perpétuent de siècle en
« siècle, et qui se joue tout à la fois de la terreur
« du sujet et de l'autorité du maître ? Si une na-
« tion entière, réclamant avec ses lois et ses rois,
« n'a pu étouffer un abus qui mine insensible-
« ment les fondements de la monarchie, que
« fût-il devenu sans cette digue à peine suffisante
« pour l'arrêter ? Il eût chassé la justice de son
« temple, il se fût assis sur ses ruines ; la force
« eût remplacé le bon droit ; et cette confusion
« désastreuse eût amené enfin le plus monstrueux
« des gouvernements. »

Il cite même des arrêts du Parlement qui, dans
les cas déterminés, défendent de déférer aux arrêts
du Conseil, ordonnant que les parties qui s'y seront pourvues seront poursuivies et contraintes
au paiement des amendes, comme aussi les avocats du Conseil qui auront signé les requêtes , sans
que lesdites peines et amendes puissent être remises pour quelque cause que ce soit.

L'abus , comme on voit, d'avoir deux espèces de
justice , n'est pas d'aujourd'hui ; les évocations ,

les commissions , le Conseil privé sont précisément aujourd'hui les conflits , les préfets et conseils de préfecture, les commissions ou comités , et le Conseil d'État. Ce qu'il y a de remarquable , c'est que les divers ordres de l'État, les Parlements , les rois eux-mêmes reconnaissaient le mal , et ne pouvaient y remédier : la raison en est que les ministres et les gens qui vivent et pivotent sans cesse autour d'eux , avaient un intérêt personnel à ne rien détruire ; c'étaient eux qui avaient appelé l'abus , c'étaient eux qui en profitaient : sans eux on pouvait l'attaquer , sans eux on ne pouvait l'extirper.

N'en est-il pas de même de nos jours ? N'a-t-on pas vu des ministres qui, du barreau ou d'ailleurs, ont signalé le vice , et, arrivés au ministère, se sont crus obligés de le défendre et de le maintenir ?

Sans interpréter à mal ce retour , ne peut-on l'expliquer par la crainte qu'un changement nuise au pouvoir ou à l'action exécutive, et par l'éloignement de paraître commettre une hostilité , ou au moins un abandon des personnes qui, placées dans le Conseil, ne cessent de présenter leurs titres de conservation, et d'y intéresser ceux-là qui, momentanément au ministère, n'osent se mettre en lutte avec les intérêts personnels menacés, lesquels, après s'être défendus de toute manière , finiraient par attaquer eux-mêmes ceux qui ne voudraient ou ne sauraient les défendre ?

Le Conseil d'État est d'ailleurs un auxiliaire trop utile aux ministres pour que jamais ils consentent à en provoquer la suppression. Plusieurs personnes se sont habituées à le voir, et ne conçoivent pas au premier aspect le moyen de s'en passer.

Quoi qu'il en soit, alors déjà comme aujourd'hui il y avait un nombre prodigieux de conseillers d'État qui, pour ne pas avoir un titre sans fonctions, et en faire sentir l'importance, s'immisçaient continuellement dans l'administration de la justice. Par ordonnance de janvier 1629, Louis XIII révoqua tous les brevets de conseillers en ses Conseils, obtenus par quelque personne que ce fût, et déclara qu'il n'y aurait que les conseillers auxquels il aurait accordé des lettres en commandement sous son grand sceau, qui pourraient avoir entrée au Conseil et appointements.

Sous la minorité de Louis XIV, il fut accordé plusieurs brevets de conseillers d'État ; mais, par le règlement de janvier 1673, le nombre en fut fixé à trente. Il fut défendu à tout autre particulier, de quelque qualité et condition qu'il fût, de prendre le titre de conseiller d'État et de conseiller du roi en ses Conseils, à peine d'être déclaré usurpateur de ces titres, et de 3,000 francs d'amende.

« De tout temps, dit Ferrand, ces dispositions législatives montrent bien l'inquiétude que cau-

sait partout le Conseil privé, et les attaques fréquentes auxquelles il était sans cesse livré ; les
plus vigoureuses, il faut en convenir, partaient
des États provinciaux et des corps judiciaires. Les
monarques ont entendu la nation entière leur dire,
dans ses États, que le Conseil privé ne pouvait pas
la juger ; que ce n'était pas pour cela qu'il avait été
érigé ; que l'époque où ce changement arriverait
serait destructive de notre gouvernement ; que l'administration réunie à la juridiction produira toujours le despotisme, parce que la sûreté des citoyens consiste à être jugés par ceux qui n'ont
d'autre règle que la loi ; parce que les principes
incertains de l'administration servent aisément à
colorer les injustices ; et en général parce que c'est
le sort de l'humanité que toute autorité qui n'est
contre-balancée par aucune autre devient abusive.

Les appels comme d'abus, les affaires doma-
niales, étaient affectées au Parlement ; néanmoins,
on tentait sans cesse de les lui enlever.

On cherchait à intéresser la justice personnelle
du roi ; on disait que, placé haut, il embrasserait
mieux les intérêts généraux et politiques, etc.

Oui, le roi est placé haut ; c'est par cette raison
qu'il ne faut pas le faire descendre. Ceux qui
réclament l'administration de la justice pour le
roi, et comme sa prérogative, la veulent pour
eux ; ils cherchent à se constituer, à l'abri de son
nom, un pouvoir non dominé par les lois.

« S'il est des plaideurs qui invoquent la justice
du roi ou de ses conseils, c'est moins cette justice
qu'ils cherchent que celle des magistrats qu'ils
veulent éviter : c'est la justice secrète qu'ils pré-
fèrent à la justice publique, parce que la faveur
y est plus facile à surprendre. »

« Si par l'ambition de quelques-uns, disait le
« chancelier *De L'Hôpital*, le Conseil d'État, qui
« doit être composé de petit nombre, se remplit
« de trop de gens (ce qui advient ordinairement
« aux États malades et corrompus), il ne sera pas
« mal à propos de les amuser ailleurs, attribuant
« à la plus grande partie de ces conseillers quel-
« que juridiction qui approche aucunement des
« affaires de l'État, ou les fait oublier peu à peu
« pour une juridiction contentieuse qui fût enfin
« établie, etc. »

Les Conseils du roi, le Conseil d'État ont toujours excité des réclamations auxquelles nos rois
faisaient bien droit; mais telle était la nature du
gouvernement d'alors, que l'abus n'était jamais
détruit; il était seulement suspendu et se repro-
duisait aussitôt. Les États ne s'assemblant qu'à
distance, les réclamations s'oubliaient : ceux qui
s'étaient impatronisés dans le palais de nos rois,
sous prétexte de ne point laisser diminuer le
pouvoir royal, s'en ressaisissaient aussitôt.

Si le Conseil, tout légal qu'il était, faisait naître
autant d'opposition, est-il possible de le maintenir aujourd'hui que les pouvoirs sont divisés,

et qu'il n'y a qu'un pouvoir judiciaire organisé
avec ses garanties? Qui n'est encore effrayé de
ces décisions placées, au nom du roi, au-dessus
de la puissance judiciaire, dont elles faisaient
tomber les actes pour mettre les siens à la place.

CHAPITRE IV.

Anéantissement de cet ancien Conseil.

Les doléances si soutenues contre la justice administrative et les évocations n'ont assurément pas peu contribué à la détonation qui s'est faite en 1789 contre les abus dont on demandait de toute part le redressement; aussi furent-ils les premiers frappés de réprobation.

La déroute de 1830 n'a été si prompte que parce que les causes de mécontentement et d'inquiétude existaient de toute part : les *aberrations* du Conseil d'État d'alors, ses empiétements sur les tribunaux, avaient sans doute *fourni* leur part d'irritation et préparé cette résistance qui donna à l'explosion une si vive intensité.

Sans avoir à craindre les mêmes désastres, empêchons d'infiltrer dans nos institutions nouvelles le vice des anciennes; que le ministère, qui est le seul Conseil du roi, cherche bien à examiner de sang-froid, et sans se préoccuper des considérations accessoires, s'il n'importe pas de faire disparaître cet autre Conseil qui ne peut que nuire au prince, et déranger le cours naturel de la justice.

Aussi l'une des premières pensées de la Constituante fut-elle d'arrêter le cours du mal.

Dès le 15 octobre 1789, elle supprima les arrêts de propre mouvement.

Le 20 août 1790, elle défendit les évocations au Conseil du roi.

Le 24 de ce mois, elle organisa la puissance judiciaire et s'appliqua surtout à la rendre indépendante de l'administration.

Le 11 septembre suivant, elle supprima les tribunaux spéciaux qui prononçaient sur des intérêts rentrant par quelques points dans l'administration publique, comme la maîtrise des eaux et forêts, les bureaux des finances, les cours des monnaies, les cours des aides, le grand conseil, la connétablie, le tribunal des maréchaux de France, et généralement tous les tribunaux de privilége et d'attribution.

Elle détermina soigneusement ce qu'elle réservait à l'administration, et laissa tout le surplus à la justice ordinaire.

Le 14 octobre, elle déclare que les réclamations d'incompétence, à l'égard des corps administratifs, seront portées au roi, et que, dans le cas où l'on prétendrait que les ministres ont prononcé contrairement aux lois, les plaintes seront adressées au corps législatif.

Le 27 novembre, le Conseil des parties est supprimé et remplacé par un tribunal de cassation.

Un décret du 14 avril 1791 renvoya à ce tribunal tous les procès pendants au Conseil des parties et aux diverses commissions du Conseil.

Un autre du 27 renvoya aux tribunaux tout ce qui n'était point attribué à la Cour de cassation.

Le même jour, un décret fort étendu supprime tous les conseillers d'État et les maîtres des requêtes ; il organise le ministère, institue un conseil d'État qu'il compose, ainsi que le titre l'annonce et que les besoins le prescrivent, du roi et de ses ministres. Il détermine soigneusement et autant qu'il le peut ses fonctions et attributions, et réserve expressément au corps législatif l'interprétation de la loi.

La consécration des grands principes se faisant successivement, la constitution de septembre suivant détache tout à fait le pouvoir judiciaire, et proclame qu'il ne peut en aucun cas être exercé par le corps législatif ni par le roi.

La Convention nationale, en raison des dangers de toute espèce qui l'environnaient, devint forcément dictatrice : son pouvoir était trop controversé et trop attaqué pour qu'elle le laissât disséminé ; moins le pouvoir judiciaire, dont elle s'empara encore dans une grande occasion, elle exerçait le pouvoir législatif et le pouvoir exécutif. Elle veillait seulement à ce que les corps administratifs ne paralysassent pas son action.

Par un décret du 28 août 1793 , elle leur défendit de prendre des arrêtés sur des matières de législation et autres qui ne leur étaient point attribuées.

Deux autres, des 25 pluviôse et 1er fructidor an III, attribuent à l'administration supérieure la connaissance des opérations d'un administrateur : se défiant des tribunaux, qui ne s'associaient pas à l'exaltation politique qui l'animait, elle leur interdisait toute immixtion dans les actes administratifs ; leur enlevant toutes les questions qui s'élevaient sur la vente des biens nationaux, elle les attribua à son comité des finances.

Le 24 du même mois de fructidor, elle leur défendit encore de connaître des plaintes portées contre les agents de la république, à l'occasion des rapports qu'ils faisaient aux comités de la Convention nationale.

L'article 27 du décret du 21 fructidor an III, prévoyant le conflit entre les autorités judiciaires et administratives, ordonne le sursis, jusqu'à décision du ministre, confirmée par le Directoire exécutif, qui en référera, s'il est besoin, au corps législatif.

L'article 28 autorise les corps administratifs à s'adresser directement au corps législatif, pour l'obtention d'une loi.

De ces précautions , sort l'enseignement que les pouvoirs despotiques centralisent tout dans leurs mains ; qu'ils veulent éviter le contrôle et la con-

tradiction des autres corps de l'État : témoin tout
ce qui s'est passé sous l'empire et sous la restauration, qui l'un et l'autre avaient leur Conseil
d'État pour tout ramener au centre, comme les
comités ramenaient tout à la Convention.

La constitution de l'an III, dédoublant la Convention, institua un Directoire exécutif et deux
Conseils législatifs : revenant implicitement sur la
loi du 21 avril 1791, qui avait composé un Conseil
d'État avec les ministres et le roi, elle déclara,
art. 151, que les ministres ne formaient pas un
Conseil, ce qui se conçoit bien avec un pouvoir
exécutif composé de plusieurs membres.

Le Directoire, aussi ombrageux que la Convention, resserrait autant qu'il pouvait le cercle
des tribunaux; il faisait journellement des règlements d'administration publique. Les tribunaux,
s'attachant uniquement aux lois, étaient sans
cesse dépouillés par le Directoire, qui ordonnait
à ses ministres d'élever des conflits; se fondant
sur la loi citée ci-dessus de fructidor an III, il
prononçait sur le conflit qu'il avait élevé lui-
même. C'est lui qui commença à faire établir :

1° Que toutes les fois que les intérêts de l'administration étaient mêlés avec ceux de la justice,
c'était la juridiction administrative qui devait prononcer;

2° Qu'il en serait de même de toute contestation sur le sens, l'effet ou l'étendue des actes
administratifs, alors même que le litige ne touchait

pas l'action administrative , et que l'agent lui-même ne faisait aucune réclamation.

Des choses, cette juridiction s'étendit sur les personnes : le Directoire ne permit pas qu'on touchât à ses agents sans son autorisation.

CHAPITRE V.

Rétablissement d'un Conseil d'État.

Le gouvernement consulaire vint se placer sur les débris du gouvernement directorial; il ne manqua pas de s'emparer de tous les torts, de tous les accaparements du Directoire, pour le renverser, mais il n'abandonna rien; loin de là, il ne fit qu'accroître le domaine. Il eut même sensiblement recours à ce qui existait avant 1789, de sorte que le pays se trouva tout à coup placé sous le fardeau des usurpations du gouvernement ancien, du gouvernement révolutionnaire et du nouveau.

L'acte constitutionnel de l'an VIII, entre autres édifications nouvelles, fait remarquer celle d'un *Conseil d'État.*

Créé à côté du ministère, il en est tout à fait indépendant; il en est souvent le contrôleur et le juge. Les décisions à rendre sur les difficultés qui s'élèvent en matière administrative lui sont réservées; associé au gouvernement, il en est la pensée; quoique appelé à prononcer sur tout, il est spécialement affranchi de toute responsabilité.

Il serait difficile de se rendre compte de cet

exorbitant amalgame, si on ne savait que les hommes qui rédigeaient la loi du 22 frimaire, connue depuis sous le nom de constitution de l'an VIII, préparaient dès lors les fonctions qu'ils allaient remplir, et voulaient armer le nouveau gouvernement de toutes mains, afin de vaincre les résistances qu'il pourrait rencontrer.

L'article 52 le charge de la rédaction de tous les projets de loi et des règlements qu'il qualifia du nom d'*administration publique.*

C'était, d'après l'article 53, parmi les membres de ce Conseil que devaient toujours être pris les orateurs chargés de porter la parole au nom du gouvernement devant le corps législatif.

Ce corps étant réduit à voter simplement les lois par boules blanches et boules noires, il fallait bien des hommes pour préparer les projets, pour venir les discuter contradictoirement avec le Tribunat, institué pour les critiquer et les combattre. Ce corps une fois établi, les attributions, puisque celles-là n'étaient que temporaires, ne lui firent pas faute. N'ayant point d'autorité à lui supérieure ni même égale, il fit les accaparements qu'il jugea convenables à lui et au souverain, au nom duquel il agissait toujours; en peu de temps il reconstitua l'ancien Conseil d'État, délivré toutefois des remontrances des anciens États et des Parlements. Ce corps, regardé comme l'âme du gouvernement, devint un foyer d'autant plus assuré du succès de toutes ses entreprises, que le **chef de** l'État venait ranimer le zèle de ses membres en présidant aux créations nouvelles, et, avec le langage ordinaire de liberté, détruire une à une toutes les libertés d'un peuple qui n'avait plus de vie que pour les victoires.

Le Conseil d'État avait encore dans ses mains le levier immense de tous les agents de l'administration, auxquels il assurait l'impunité en ne permettant pas qu'ils fussent soumis à aucune poursuite judiciaire sans qu'il les autorisât. Il fut dès lors un corps embrassant tous les intérêts. Son existence ancienne, son existence nouvelle, l'habitude de rencontrer presque partout son action, soutiennent la croyance de plusieurs, qu'il est un corps indispensable à la monarchie comme à l'administration.

Sous les consuls, ce Conseil était associé du législateur, juge des contestations entre particuliers et l'administration, ainsi que de la faculté de traduire en justice les administrateurs à raison de leurs fonctions.

Par son règlement du 15 nivôse, il se chargea de développer le sens des lois et de leur interprétation, qui n'appartenait qu'au législateur d'après les décrets des 27 avril et 27 mai 1791, et 16 vendémiaire an IV.

Le Conseil d'État était en dehors du ministère ; l'article 7 réserve néanmoins les directions générales pour les membres qui en seront chargés par le consul. A la vérité, l'article 12 leur refuse voix délibérative pour les affaires de leur direction; mais un sénatus-consulte du 16 thermidor an X vint bientôt les relever de cet empêchement, de sorte qu'ils purent prononcer comme juges sur ce qu'ils avaient fait comme directeurs-généraux.

Peu de temps après, la loi de pluviôse institua cette justice administrative d'espèce nouvelle; elle lui attribua toutes contestations entre particuliers sur des matières administratives, et toutes réclamations contre l'*action consommée* de l'administration, laissant aux préfets seuls le soin de juger les réclamations quand l'action administrative *subsistait* encore.

Cette loi fut bientôt suivie d'une multitude d'autres qui, comme un feu de file dirigé sur la justice régulière, accrurent sans cesse les attributions nouvelles.

En adjugeant autant de pouvoirs aux conseils de préfecture, il s'était réservé l'appel en tout cas, et ne s'était entravé par aucune forme judiciaire qui pût atténuer son droit, en donnant quelque garantie au citoyen. Les travaux préparatoires se faisaient dans les bureaux des ministres, après le renvoi qu'en faisait quelquefois le chef du gouvernement. Aussi les affaires du plus grand intérêt étaient souvent jugées sans que les parties eussent été mises à même de produire leurs moyens; le droit le moins contestable disparaissait sous une déchéance ou fin de non-recevoir qu'aucune loi ne justifiait. Une décision favorable était remise en doute , quelquefois rétractée ; pour le fond ni pour la forme, il n'y avait point de règle ; sous prétexte d'y remédier et pour nous donner des promesses d'une garantie fallacieuse , il y eut sur les bases du sénatus-consulte du 16 thermidor an X une organisation générale du Conseil d'État. Cette fois on indiqua les formes à suivre dans les affaires qui s'y portaient.

Des décrets des 15 avril , 11 juin , 22 juillet et 20 septembre 1806, prouvent les grandes élaborations auxquelles le Conseil se livrait sur lui-même. Le droit de pétition y est libéralement organisé ; c'est le conseiller d'État qui est chargé de l'examen d'une pétition dirigée contre un ministre ; c'est le particulier qui , lésé par une décision du Conseil d'État rendue en matière non contentieuse, présente une requête à l'empereur pour , sur le rapport qui lui en sera fait, être renvoyée , soit à une section du Conseil d'État, soit à une commission.

De la combinaison du règlement du 22 juillet avec le décret du 20 septembre 1806, il résulte qu'une partie du Conseil d'État dénonce à l'empereur la totalité du Conseil d'État pour que cette totalité soit corrigée ou réformée par la partie.

Pour mettre le sceau à cet ensemble, le Conseil d'État, par un avis du 22 janvier 1813, renvoie à son comité du contentieux *les conflits* pour y être instruits et jugés d'après le règlement de 1806.

Une institution pareille, sortie du temps qui l'avait vu naître, pouvait être propre au gouvernement pour lequel elle fonctionnait ; mais ce gouvernement était assez dissemblable de tous ceux qui avaient passé sur la France, pour que le Conseil d'État avec ses attributions, comme le Sénat avec ses sénatus-consultes, comme la Chambre des députés avec son mutisme obligé, disparussent avec lui. Bien que l'étranger nous ramenât la restauration, celle-ci, pour faire oublier la cause de son retour et le gouvernement qu'elle remplaçait, auquel se rattachaient tant d'intérêts, nous donna des institutions libérales, sans lesquelles elle sentit qu'elle ne pourrait se maintenir. Dans sa déclaration de Saint-Ouen, comme dans son octroiement de charte, ne voulant pas faire suspecter ses intentions, elle ne parla pas de l'ancien Conseil d'État ; néanmoins elle ne tarda pas à en organiser un : mais ne s'occupant que du personnel, il se trouva, par sa seule qualification, replacé sur ce qui précédait.

Dès le 29 juin 1814, Louis XVIII publia une ordonnance dans laquelle il disait : « Nous étant « fait représenter les règlements faits par les rois « nos prédécesseurs (1), nous avons reconnu qu'il

---

(1) S'il ne comprenait pas dans ces règlements ceux de l'empire, il n'y avait pas à s'en plaindre ; mais il est à croire que la subaudition n'était pas sincère, puisque les règlements impériaux ont toujours été appliqués et suivis.

« serait difficile d'arriver à un meilleur système ;
« que néanmoins il y aurait de l'avantage à le
« simplifier, et qu'on ne peut se dispenser de le
« mettre en harmonie avec les changements sur-
« venus dans la forme du gouvernement et dans
« les habitudes de nos peuples. »

Il compose le Conseil d'État des princes, des
ministres, de conseillers d'État et maîtres des requêtes, et se réserve formellement, par l'art. 2,
de créer des conseillers d'État, d'église et d'épée.

Nous étions alors tellement façonnés à toutes
les qualifications comme à tous les usages suran-
nés, que la nouvelle monarchie impériale avait
exhumés, qu'à cela près des conseillers d'État,
d'église et d'épée, la nation attendit l'usage de la
réserve. Ployant, en 1814, sous le despotisme le
plus absolu, sans liberté individuelle, sans liberté
de tribune, sans liberté de presse, la nation n'a-
vait plus rien à perdre ; elle vit encore dans cette
ordonnance un *Conseil d'en haut*, un Conseil
privé ou des parties, qui prendraient le nom de
Conseil d'État ; au lieu de vingt-cinq conseillers
d'État annoncés, elle en vit venir une nuée prodigieuse, sous trois dénominations différentes : *ordinaires, extraordinaires* et *honoraires*; de même
pour les maîtres des requêtes. Chose singulière !
plusieurs membres du Conseil d'État impérial pas-
sèrent au service extraordinaire ; un plus grand
nombre encore se contenta d'être honoraire, peu
furent placés en service ordinaire ; partout ils se

trouvaient mêlés avec l'émigration, les anciens in-
tendants et maîtres des requêtes de l'hôtel, etc.

Cette organisation bizarre a duré jusqu'à 1830,
moins les remaniements qui avaient lieu au caprice
des divers ministères, et qui ont existé depuis
la révolution de juillet, où le Conseil d'État a été
détaché du ministère de la justice, porté dans le
département de l'instruction publique, puis est
rentré dans son ancien manoir, où il se trouve
aujourd'hui, attendant son sort et sa constitution propre.

CHAPITRE VI.

Coup d'œil sur ses transformations et ses travaux.

A l'appui des projets qui ont été présentés aux Chambres, il a été distribué, sous le titre de *Compte général des travaux du Conseil d'État, par le garde des sceaux*, basé sur les recherches d'une commission *ad hoc* nommée par le ministre, et prise dans le Conseil lui-même, un ouvrage apologétique de l'institution et de ses œuvres.

Après avoir offert un chiffre énorme des affaires qui ont été portées au Conseil d'État, on en conclut, bien entendu, de sa nécessité, quand tant d'autres seraient amenés à une opinion toute contraire. Ce n'est pas le nombre qui prouverait l'utilité, ce serait avant tout la qualité des affaires et leur nature : glaner sur tous les points de la France pour amener à un corps tout à fait adhérent au gouvernement, éloigné de toutes les localités, des personnes qui ne pouvaient que difficilement et très-confusément venir s'y défendre, c'était dépouiller les départements pour tout centraliser à Paris. Ce serait la nécessité de ces accaparements, ou les maux qui en sont continuellement résultés, qu'il fallait mettre le public à même d'examiner et d'apprécier.

Nous voyons qu'on s'appuie avec complaisance sur la comparaison du nombre des membres du Conseil d'État et des frais qu'il entraînait, avec le nombre et les frais actuels. N'est-ce pas comparer des choses qui n'ont de ressemblant que le nom ? Quels rapports entre le Conseil d'État, pivot et premier agent de la constitution de l'an VIII, et celui d'aujourd'hui qui, par cela qu'il n'est pas énoncé dans la Charte, paraît aboli par elle ; entre ce Conseil qui était, à vrai dire, l'unique législateur et le centre d'administration dans un gouvernement qui administrait tout ; entre un Conseil d'État qui planait sur un pays presque double en étendue et en travaux de toute espèce, puisqu'il agissait sur des masses de population incorporées sans cesse au grand empire, malgré qu'elles y eussent toujours été étrangères par leurs usages, leurs lois et leurs mœurs ? Ajoutons qu'il avait codifié toutes nos législations, civile, commerciale, criminelle et pénale, et concluons qu'il n'y a aucune comparaison possible entre ce Conseil et celui qui l'a suivi.

On s'est abstenu de toucher les points de dissemblance, tout en disant qu'il eût été intéressant de comparer les travaux avant 1789, puis sous l'empire, sous la restauration et depuis la révolution de 1830. On affirme néanmoins, sans hésiter, que le nombre des membres du Conseil est moins grand qu'à aucune époque ; aujourd'hui vingt-quatre ;

en 1811, il était de quarante-cinq : traitement actuel 12,000 fr., alors 25,000 fr. Il ne manquait plus que de présenter l'économie d'un *vice-président* du Conseil d'État, créé seulement depuis la révolution de juillet, avec un traitement de 20,000 fr., auquel il a été ajouté un logement (1), ce qui en aucun temps, sous l'empire pas plus que sous la restauration, n'avait eu lieu : il en était de même du secrétaire-général, qui n'avait jamais été logé.

Il est à remarquer qu'on a pris 1811, apogée de l'agrandissement de la France, qui forçait à faire entrer dans le Conseil des membres pris dans les pays réunis, pour en donner les traditions ; et qu'alors même le nombre de quarante-cinq n'é-

---

(1) L'abus des logements est tel, il entraîne après lui tant de dépenses et de frais de toute sorte, que la Cour des Comptes a plusieurs fois appelé l'attention du roi et des Chambres sur ce point. La Chambre des députés s'en est inquiétée un moment, mais n'y a pas donné suite. On ne manque pas de dire que les appartements étant en plus, il vaut mieux les faire occuper ; plutôt mille fois les laisser vides, et les garder en réserve : au moins, peu d'années après, on serait dispensé de bâtir pour les besoins qui surviennent. Si le Conseil d'État se déplace parce que les localités pour le service ne sont pas suffisantes, le vice-président, le secrétaire-général, occupent cependant de vastes appartements qu'il eût été facile d'y approprier. Aussi plusieurs propriétaires de maisons, à raison du préjudice qu'ils éprouvent pour le grand nombre d'appartements conférés gratuitement par l'administration, se proposent de réclamer.

tait et n'avait jamais été effectif : ce qui montre la foi qu'il faut ajouter à ces rapprochements faits pour le besoin qu'on en a, c'est qu'on y affirme que le traitement, sous la restauration, a toujours été de 16,000 fr., quand l'ordonnance organique, citée en marge du tableau, après avoir limité le nombre des conseillers à vingt-cinq, fixe, art. 16, le traitement à 12,000 fr.

Le temps de la première restauration n'a pas permis de réaliser tout ce que l'annonce promettait.

Cette organisation si parfaite qu'on ne pouvait, d'après le préambule, arriver à un meilleur système, fut reconnue vicieuse par l'ordonnance du 23 août 1815, qui rapporta la première.

Une autre du 21 septembre suivant forme un Conseil privé composé des princes du sang, de ministres d'État et des personnes les plus remarquables par leurs talents et les services rendus à l'État et *à nous*.

Celle du 19 avril 1817 établit un Conseil de cabinet pris dans le Conseil privé et dans le Conseil d'État.

Il y eut là place pour tout le monde, pour tous les services; ceux qui avaient été rendus au pays dans les temps difficiles et malheureux de la révolution ne devaient pas jouir d'une grande faveur vis-à-vis des hommes qui, à la suite de la contre-révolution du gouvernement, projetaient de l'étendre aux choses et aux personnes.

4

Inutile de parler des autres ordonnances ; le pays , destiné à être le jouet des gouvernements , de leurs ministres , de leur système et des ambitions qui les font mouvoir , a vu toutes sortes de modifications.

Les ordonnances des 12 octobre 1821 , 26 août 1824, 15 juin 1825 , sont venues paraphraser le décret cité ci-dessus du 22 juin , et régulariser à leur façon ce système monstrueux des conflits , à l'aide desquels la restauration , renchérissant peut-être sur l'empire , a organisé le système d'annihilation de la puissance judiciaire , sans laquelle, et surtout sans l'indépendance de laquelle, il ne peut y avoir ordre et sécurité dans aucun État.

Une ordonnance qui fut pour ainsi dire enlevée à la restauration , en 1828 , avait bien pour but d'adoucir le mal ; mais ce n'était qu'une ordonnance qui pouvait rester sans exécution , ou qu'on pouvait révoquer ; encore le ministère *Martignac*, qui l'avait fait rendre , fut-il bientôt puni de cette concession par son éloignement subit.

Depuis huit ans nous marchons avec un Conseil d'État sur cet amas d'incohérences et d'empiétements.

Les deux projets présentés , l'un en 1834 à la Chambre des Pairs, l'autre en 1835 à la Chambre des Députés , corrigent-ils les vices qui frappent tous les yeux ? Font-ils autre chose que régulariser le mal ? C'est ce qu'il faudrait examiner si les projets n'étaient pas abandonnés : toujours est-il que si le gouvernement actuel ne ressemble pas à la restauration, ni celle-ci à l'empire, l'institution née sous celui-ci, conservée et arrangée par celui-là, ne peut se soutenir.

CHAPITRE VII.

Difficultés d'établir le Conseil d'État d'après la Charte,
et d'éviter les dangers qu'il peut amener.

Ce n'est pas au moment où la monarchie est vivement attaquée que les amis de l'ordre et de la paix publique doivent chercher à lui ôter l'appui qui peut la soutenir. Aussi, lui venant en aide, nous croyons que le meilleur moyen de la défendre est de simplifier les rouages par lesquels elle se meut, et de lui ôter les occasions qu'on lui présente fréquemment d'oblitérer sa justice en la faisant passer par des canaux faciles à l'égarer.

Le Conseil d'État de l'empire, malgré les grands et utiles travaux auxquels il s'est livré pour notre législation civile et commerciale, semblait déjà déchu de lui-même dans la confection du code criminel et pénal ; une pensée y est dominante : attention extrême de prévoir tous les cas dans lesquels le citoyen peut se placer, non-seulement pour attaquer l'autorité, mais pour lui opposer la moindre résistance ; déploiement de peines dans tous ces cas : elles sont atténuées, au contraire, lorsque c'est l'agent de l'autorité qui a abusé de la loi vis-à-vis du citoyen.

L'empiétement des autorités judiciaire et administrative y est aussi inégalement prévu et réprimé : la loi est peu précise ; elle se prête à toutes les suppositions et à toutes les difficultés pour atteindre l'administration. Comment savoir quand il y a empiétement, alors que la ligne de démarcation n'est pas tracée : le chef du gouvernement exerçait le pouvoir administratif de la manière la plus absolue ; les décisions ministérielles, les décrets, les avis du Conseil d'État, agissaient tous sur cette impulsion ; le jury d'accusation fut supprimé; aux préfets seuls fut confié le soin de la confection de la liste des jurés, etc. Avec des leviers pareils et la faculté donnée à l'administration de dépouiller les tribunaux par un conflit devant lequel ils devaient s'arrêter immédiatement, le gouvernement pouvait en toute occasion pénétrer dans le sanctuaire de la justice pour diriger ou paralyser à volonté son action.

Le Conseil d'État, quelque recommandables, quelque éclairés que fussent d'ailleurs les membres isolément pris, s'est trouvé entraîné sous l'empire, comme sous la restauration, par les systèmes qui dominaient les deux époques ; il a cédé à une force contre laquelle sa propre constitution lui ôtait tout moyen de résister : aussi nous ne doutons pas que l'opinion publique, qui ne juge que les actes, sans considération des circonstances auxquelles il était presque contraint d'obéir, ne lui impute les déviations qui ont été commises. Le malheur passé peut se reproduire ; voilà pourquoi il est indispensable d'arracher un germe vicieux auquel on ne peut laisser prendre racine sans renouveler le danger.

Répétons ici ce qu'un écrivain qui l'a long-temps pratiqué en a dit : « Ce Conseil est d'autant plus dangereux que, permanent de sa nature, placé au centre du gouvernement, et presque sur les marches du trône, il pourrait se liguer avec le pouvoir exécutif, et envahir peu à peu tous les autres pouvoirs. »

Sur quoi se fonde-t-il ? à quel ordre, à quelle nature de fonctions appartient-il ? Il est presque législateur, puisqu'il prépare les lois, les ordonnances réglementaires et interprétatives ; il est administrateur, puisqu'il opère journellement sur l'administration et avec elle ; il est aussi judiciaire, puisqu'il prononce sur un nombre prodigieux de contestations entre particuliers, et qu'à raison de cette fonction, plusieurs bons esprits demandent pour lui l'inamovibilité.

Comment se fait-il qu'une pareille institution se soit glissée dans notre régime actuel sans que la charte de 1814 pas plus que celle de 1830, qui jetaient l'une et l'autre les fondements d'un édifice tout nouveau, renfermassent rien qui pût faire croire qu'elles entendaient l'admettre ? Placer le Conseil d'État de l'empire sous la monarchie actuelle n'est pas plus contradictoire que si on eût voulu faire passer l'ancien Conseil de nos rois sous le Directoire.

Indépendamment de ce que Louis XVIII adopta des bases rapprochées de celles qu'il venait de voir en action chez nos voisins, lesquels prospèrent à l'abri de leurs chartes, et d'un gouvernement fort, sans cette institution, nous avons plusieurs articles dans la charte avec lesquels on pourrait difficilement l'accorder.

L'art. 18 dit que toute justice émane du roi, et s'administre en son nom par des juges qu'il nomme et qu'il institue.

L'art. 49 repousse les conseillers temporaires, en déclarant que les juges sont inamovibles.

L'art. 50, en maintenant les cours et tribunaux ordinaires, n'a évidemment pas compris une justice exceptionnelle dérivant d'une constitution détruite, avec laquelle la nouvelle, en ce point au moins, ne pouvait coïncider.

S'il a fallu une disposition conservatrice de la justice ordinaire qui ne peut jamais cesser, comment admettre que l'extraordinaire est conservée.

L'article 53, disposant que nul ne peut être distrait de ses juges naturels, n'a pu entendre que les citoyens seraient jugés par des délégués ministériels, par cela qu'ils avaient traité avec des agents de l'administration, ou qu'ils se trouvaient en contradiction d'intérêt avec eux ou avec leurs actes.

Comment, avec de tels articles, reconnaître un Conseil d'État pour prononcer si les fonctionnaires seront ou non traduits devant leurs juges naturels? Comment le reconnaître juge des conflits de juridiction? Quand il n'y a point de ligne de compétence tracée, l'administration, en s'emparant de la juridiction, ne peut décider elle-même qu'elle ne transgresse pas.

Le Conseil d'État n'a certainement pas puisé dans la charte le droit de juger le pouvoir des tribunaux, encore moins celui de réformer leurs décisions, et de mettre la sienne à la place.

Enfin l'article 54, défendant de créer des commissions et des tribunaux extraordinaires, ôte par là au Conseil d'État toute attribution judiciaire.

Des textes aussi précis répondent assez à l'argument tiré de l'article 59, lequel ne s'applique qu'aux lois générales qu'il déclare maintenir, et non à un pouvoir spécial incohérent avec la forme nouvelle, et qui, par cela même, ne pouvait prendre place dans une généralité avec laquelle il était inconciliable.

Ainsi le Conseil d'État ne s'appuie point sur la charte. Nous croyons même que ce serait entrer dans son texte autant que dans son esprit, de ne pas le maintenir : rien ne le prouve mieux que la difficulté de faire une bonne loi sur ses attributions, et sur les droits à lui conférer : n'en existant point, le souffle d'une ordonnance le renverserait. Les indications qui ont été faites de son intervention dans les lois d'expropriation, de la garde nationale, des communes, se répartiraient bien vite entre les différents ministres, les conseils de préfecture, les tribunaux ; on aurait ainsi un corps de moins, une allégeance de plus.

Nous concevons les raisons contraires ; mais ne découlent-elles pas plus de l'habitude prise de recourir à cette autorité, que de la nécessité de le faire ?

1° Son occupation principale, d'après la constitution de l'an VIII, de rédiger les projets de loi, les ordonnances et règlements d'administration publique, est incompatible avec la charte nouvelle qui n'accorde qu'au roi, sans autres rédacteurs que ses ministres, de faire, non des règlements d'administration publique, titre vague dont on a tant abusé, mais les règlements et ordonnances nécessaires pour l'exécution des lois ; le roi n'ayant plus la proposition qu'avec les Chambres, il en résulte l'exclusion de tout autre corps comme rédacteur intermédiaire.

La pensée de la loi ne pouvant éclore que du conseil des ministres, lorsqu'elle vient du roi, il ne doit plus y avoir de corps qui puisse entraver en rien cette initiative. Cela est si vrai, que plusieurs lois ont été proposées aux chambres sans avoir été présentées au Conseil d'État, et que, quand cela a eu lieu, le fait se passe dans l'intérieur, vient se modifier ou se perdre dans la proposition ministérielle.

2° Fournir des orateurs pour débattre contradictoirement avec le tribunat, n'est plus possible; pour la discussion devant les Chambres, nos ministres, en faisant toujours partie, n'ont pas besoin de recourir à des forces étrangères; si la proposition leur est propre, les orateurs se trouveront aussi naturellement pour eux que pour le membre qui serait auteur de la proposition.

D'ailleurs ils peuvent choisir partout leurs orateurs, en dedans comme en dehors des chambres.

3° Statuer sur le contentieux a beaucoup plus d'importance que les deux premiers points ; par cette raison, nous devons nous y arrêter plus longtemps.

CHAPITRE VIII.

Création d'un contentieux administratif attribué au Conseil
d'État. — Inconvénients, conflits.

La constitution de l'an VIII porte seulement
que le Conseil d'État est chargé de résoudre les
difficultés qui s'élèvent en matière administrative.

Le règlement du 5 nivôse ajouta : « Il prononce sur les conflits qui peuvent s'élever entre
l'administration et les tribunaux, et sur les affaires contentieuses, dont la décision était précédemment remise aux ministres. »

Ces termes généraux n'avaient rien d'effrayant ;
ceux qui ambitionnent le pouvoir ne sont jamais
exigeants ; le danger ne commence que quand,
impatronisés dans la position qu'ils trouvaient
très-belle avant de l'obtenir, ils n'ont plus qu'à
travailler pour en accroître l'importance et l'é-
tendue.

Mais résoudre les difficultés qui peuvent s'élever en matière administrative n'implique pas
nécessairement le droit de juger dans des intérêts
particuliers mis en contention. Il appartiendrait ,

suivant les cas, aux tribunaux ou au ministre, qui statuerait sur l'acte de son subordonné, lorsqu'il est contesté. Au lieu de recourir au Conseil d'État pour cet objet, il faudrait lui en enlever la connaissance; le ministre, au moins, déciderait sous sa responsabilité, au lieu de se mettre à l'abri d'un corps qui n'en est grevé d'aucune. Si le corps était inamovible et indépendant, il pourrait entraver ou contrarier le pouvoir ministériel; il n'y aurait aucune raison de ravir la contestation aux tribunaux, dont le pouvoir général embrasse tous les cas litigieux, quels qu'en soient l'objet et les personnes.

L'autorisation qui fut ajoutée pour les poursuites contre les fonctionnaires fut présentée comme garantie pour les agents de l'administration, et comme la suite de ce que pratiquait le Directoire; le mal vint de l'abus qui en fut fait dans la pratique ministérielle.

Proposer les lois, en développer le sens, était un effet naturel de la nouvelle forme du gouvernement, puisqu'il n'y avait, à proprement parler, d'autorité législative que dans le Conseil d'État.

C'est parce qu'il n'en était plus de même sous la restauration, où deux Chambres étaient réellement établies, que l'interprétation des lois leur fut rendue et enlevée ainsi au Conseil d'État.

Le droit d'élever conflit et de juger la compétence fut un accaparement d'une bien autre portée; l'envahissement toujours croissant du gouvernement a poussé le conseil d'alors, comme celui qui l'a suivi, à des excès tels, que si je n'en avais recueilli les monuments dans un ouvrage spécial publié en 1828 (2 vol. in-4), on se refuserait d'y croire. Non-seulement l'administration revendiqua les affaires civiles introduites devant les tribunaux et les cours, elle alla jusqu'aux affaires commerciales, jusqu'aux affaires criminelles, dont jamais en tout cas la connaissance ne pouvait lui appartenir. Elle ne borna pas le conflit à la compétence, lorsqu'elle était soumise aux tribunaux; elle le faisait porter sur les jugements et arrêts qui avaient souverainement jugé cette compétence. Elle n'intervenait pas seulement en première instance, elle dessaisissait les cours souveraines; elle faisait plus, elle amenait les affaires jugées souverainement en appel, et le Conseil d'État déchirait impitoyablement les arrêts; on l'a vu même revendiquer les affaires après qu'elles avaient été définitivement jugées, avec le préfet ou avec le procureur-général, partie principale ou partie jointe, ayant indubitablement avisé l'autorité supérieure, et reçu ses inspirations ou ses conseils; quand il l'a fallu, on a mis la main sur les arrêts de la cour de cassation, qui y ont passé comme ceux des cours impériales. Sous la restauration, le mal s'est multiplié; le conflit était devenu non-seulement un droit, il était presque passé en devoir; il n'y avait plus de motif à donner à l'appui de la revendication.

Les conflits, disait-on pour les justifier, sont dans des vues d'ordre public, pour maintenir la distinction et l'indépendance pleine et réciproque des fonctions administratives et judiciaires. Les particuliers, en s'adressant, au gré de leur caprice ou de leur intérêt, aux tribunaux, n'ont pu couvrir les incompétences radicales et absolues qui résultent de la matière, dépouiller l'autorité administrative pour investir les tribunaux, et changer l'ordre immuable des juridictions. Les compétences sont de droit public, et dérivent, non du propre fait des parties, mais du vœu de la loi; la raison politique fait d'ailleurs sentir souvent la nécessité de déroger à l'ordre ordinaire, etc., etc.

Peut-on amasser plus de sophismes en moins de mots ? Pour que pareilles généralités eussent quelque fondement, il faudrait avant tout que les limites respectives des pouvoirs fussent tracées; jusque-là comment dire qu'elles sont transgressées ? S'il y a doute sur la compétence, pourquoi ne serait-il pas levé aussi bien par les tribunaux que par l'administration ? le doute même ne doit-il pas être interprété en faveur du juge commun, plutôt que de courir le risque grave d'avoir un juge d'exception ? Si l'ordre public commande la distinction et l'indépendance des fonctions administratives et judiciaires, sera-t-il plus respecté par l'envahissement opéré en faveur de l'administration qu'il ne l'eût été dans le cas contraire? Les particuliers, dit-on, n'ont pu s'adresser au gré de leur caprice ou de leur intérêt aux tribunaux; mais si les particuliers s'adressent aux juges du droit commun, c'est parce qu'ils en attendent justice et qu'ils redoutent des influences sur l'administration. Si ce sont des parties contradictoires qui s'accordent sur leurs juges, sanctionnez sans hésiter cette préférence; elle est sans danger, puisque partout et toujours elles peuvent constituer des arbitres. Si un intérêt administratif y est engagé, attendez l'exécution; vous aurez la tierce opposition et la revendication des juges qui vous appartiennent; c'est alors que vous direz : *res inter alios acta* ne peut vous nuire. Ayez une loi claire, et soyez assuré que les tribunaux se garderont bien de l'enfreindre; s'ils ne connaissent pas la limite administrative, ils ne méconnaîtront jamais la leur. Montrez cette limite; au lieu de fournir les moyens de la faire respecter, ne la franchissez pas; ne vous donnez pas le droit de juger votre propre infraction : nul n'est bon juge dans sa propre cause; moins encore quand, à vos propres erreurs, vous joindrez celles dans lesquelles toutes sortes d'intérêts qui s'agitent autour de vous peuvent vous entraîner.

Au lieu de dire : le but des conflits est l'indépendance des pouvoirs, la conséquence est l'ordre, il faut mettre à la place : le but des conflits est l'asservissement des corps judiciaires, la consé-

quence est le désordre et l'anarchie dans les pouvoirs.

« Les lois administratives, disait *Cormenin* en
son ouvrage publié alors qu'il observait les actes
de l'administration, ayant été la plupart conçues
et arrangées dans un esprit d'envahissement, on
ne doit pas s'étonner si l'administration et les
tribunaux sont, depuis la révolution, en état d'hostilité vis-à-vis l'un de l'autre; cependant la division des pouvoirs n'a pas été établie pour organiser entre eux une lutte de surprises et
d'usurpations réciproques. »

L'Assemblée constituante créa le pouvoir administratif, et fit la faute de ne point assez le limiter. Bientôt après, chaque faction se jeta avec
avidité sur ce nouveau pouvoir, et s'en servit
comme d'un instrument de domination.

Le pouvoir administratif, protégé par la terreur, étendait de jour en jour ses attributions,
bornait le pouvoir civil, et portait ses mains de
tous côtés sur les choses et sur les personnes.

Les administrations, sous prétexte de leurs liai-
sons avec des intérêts administratifs, jugeaient
toutes sortes de questions d'état et de propriétés.

La surveillance des personnes fut ôtée aux tribunaux et dépouillée de ses formes légales; la
puissance exécutive, dans la fécondité de ses développements, enfanta la haute police : ce pouvoir monstrueux de suspendre arbitrairement et
impunément la liberté des citoyens, fut encore

remis à la discrétion de l'administration; l'usurpation des pouvoirs judiciaires servit merveilleusement l'usurpation des pouvoirs politiques. Les formes protectrices des tribunaux, les lenteurs même de leurs procédures, la solennité de leurs débats, la justice universelle des lois qu'ils appliquent, et l'indépendance des juges, sont autant de garanties pour les citoyens. Mais le despotisme d'un seul ou de plusieurs veut une procédure vive, des débats secrets, des juges amovibles, de courts jugements et surtout une prompte exécution : les matières civiles se détachèrent des tribunaux et vinrent s'engloutir dans le gouffre des administrations de district et de département. Le Conseil d'État institué devint le juge supérieur de l'administration; de cette manière la liberté du citoyen fut de toute part inquiétée, enchaînée au nom de la liberté même; la propriété privée, pour peu qu'on pût la rattacher à un acte administratif, eut le même sort; les tribunaux, de cette manière, furent déshérités de leur attribut principal.

Les causes qui ont produit l'état actuel des choses tenaient à la révolution; on devait penser que ces causes venant à cesser, l'effet disparaîtrait. Il en est autrement. Tous les gouvernements peu éclairés qui ne songent qu'à la conservation de leur pouvoir se ressemblent : non-seulement ils ne se reportent point aux causes qui ont motivé les extensions, ils ne veulent pas voir que le produit des temps orageux ne doit pas également s'employer dans les temps calmes ; plus les hommes qu'ils emploient sont faibles, plus ils ont besoin d'instruments pour se soutenir. Formant autorité, ils ne trouvent appui que dans elle et avec elle ; éprouvant sans cesse des contra-riétés, ils croient trouver dans le pouvoir qu'ils cherchent à accaparer, un moyen de les faire cesser.

Quand un pouvoir, dans la plénitude de souve-raineté qui lui est dévolue par l'acte fondamental, a consommé sa mission, est-il possible de détruire ce qu'il a fait sans détruire cette souveraineté, sans donner à celui qui aurait ce droit, non-seule-ment la supériorité d'action, mais une supré-matie de juridiction, au moyen de laquelle l'un revisant les actes de l'autre, celui-ci n'est plus qu'un subordonné ?

Quelle déconsidération un pareil renversement n'est-il pas de nature à répandre sur la magistra-ture dont les décisions étaient sans cesse remises en doute et lacérées quand il était besoin !

L'administration laissait parcourir toutes les phases de la procédure, remplir toutes les forma-lités souvent tutélaires, mais aussi quelquefois fiscales, qui environnent la marche toujours lente et grave de la justice : à la suite de ces actes de soumission aux lois, une partie a enfin entendu l'arrêt qu'elle a mérité par tant de sacrifices ; elle n'a rien encore : la volonté d'un ministre, d'un agent soumis, prononçant le mot de conflit, tout était anéanti ; si l'affaire n'était pas jugée, tout était arrêté indéfiniment ; si elle l'était, la chose décidée était reportée à des fonctionnaires administratifs, qui pouvaient être aussi bien, tant ce point était mal fixé, un simple Conseil de préfecture qu'une section du Conseil d'État.

Nous disons *était*, parce qu'il répugne de supposer même que le mal que nous signalons peut encore se présenter aujourd'hui : cependant, nous ne devons l'absence de ce mal qu'à la direction actuelle du pouvoir, direction qui peut changer à volonté, et nous rejeter dans l'abîme d'où nous ne sommes sortis que par une révolution. L'ordonnance du 1er juin 1828, étant le seul monument qui ait fait quelque novation, peut disparaître ou se modifier par une autre : tant que le Conseil d'État existera sans qu'une loi préservatrice l'ait mis dans l'impossibilité de rouvrir l'abîme, il y a tout à craindre d'une institution qui, avec le temps, peut se replacer, même sans le vouloir, dans ses anciens errements. Ce titre pompeux de *Conseil d'État*, attaché à un corps placé si haut, et qui, par tant de points, est subordonné aux suggestions les plus influentes, inspirera toujours de l'inquiétude aux sincères amis de l'ordre et des lois ; la pente est si facile à prendre, et le mal si grand, malheureusement il n'a pas été assez senti que, pour éviter le mal, la réaction devait jeter dans l'excès contraire, sauf, si on avait conservé le Conseil d'État, à y ajouter dans la suite la portion de pouvoirs ou de prérogatives qui lui aurait manqué. En coupant nettement avec le passé, avec une jurisprudence qui a été si inquiétante, on aurait rassuré tous les citoyens, et surtout ceux qui, épiant la marche des grands corps de l'État, ont besoin de tant de garanties pour l'avenir d'un pays qui doit être toujours soustrait aux caprices et à l'arbitraire de l'homme, pour être placé d'une manière inexpugnable à l'abri des lois. Tant que l'interdiction faite aux tribunaux sera légalisée dans le code pénal, rédigé alors que le gouvernement impérial ne prenait plus de déguisement; tant que les articles 127, 128 et 129 notamment, assureront d'une manière aussi énergique la réussite de toutes les prétentions administratives; tant qu'il y aura surtout un corps administratif supérieur qui fait corps avec le gouvernement pour les juger, il y aura là un grand danger contre lequel nous ne cesserons de réclamer les plus grandes précautions, au lieu de nous endormir sur la foi d'un présent qui peut nous échapper alors qu'il ne sera plus temps de nous défendre.

Le remède le plus sûr, mais qu'il est à craindre qu'on ne veuille pas employer, comme trop radical, serait certainement la suppression d'un Conseil d'État et l'admission d'un seul ordre de juridiction. Nous ne pouvons nous flatter de l'obtenir, quoiqu'elle ait déjà été sollicitée par plusieurs écrivains. *Daunou*, en son Essai sur les garanties, dit que quand on a besoin d'altérer tous les éléments, tous les ressorts de l'ordre judiciaire, quand on a résolu de réduire à des mots vides de sens les garanties qu'on a proclamées, on donne des attributions judiciaires à un Conseil d'État que la loi fondamentale ne reconnaît pas, qui peut bien exister dans une monarchie absolue, mais qui n'a point de place dans un véritable système représentatif, parce que, n'étant ni responsable ni indépendant, remplissant à la fois des fonctions de toute espèce, législatives, ministérielles, administratives et judiciaires, il est essentiellement indéfinissable et incompatible par sa nature avec une constitution proprement dite ; quand il est employé comme tribunal, c'est le gouvernement qui juge, et le plus souvent dans sa propre cause.

Bérenger, *sur la justice criminelle*, p. 349, ajoute : « Dans l'état actuel de notre système représentatif, les affaires contentieuses sont jugées par les Conseils de préfecture ; ces Conseils, pas plus que le Conseil d'État, qui juge les appels de leurs arrêtés, n'ont une physionomie judiciaire ; ce sont de véritables commissions : les membres qui les composent ne sont point des juges ; ils n'en ont ni les mœurs, ni le caractère, ni la dignité ; ils sont privés de leur indépendance, et leurs institutions violent la Charte qui veut que la justice soit rendue par des juges inamovibles...

« La législation administrative, si toutefois on

peut appeler législation un amas de dispositions qui n'ont aucun lien entre elles, est d'ailleurs si ténébreuse, que, semblable aux livres sibyllins, les seuls initiés peuvent se flatter de la connaître. Elle se compose d'une multitude de décrets impériaux, d'avis du Conseil d'État, de décisions ministérielles; pour en donner une idée, il suffit, etc.

« Sous l'ancienne monarchie, la justice administrative était plus sagement réglée : le soin de la rendre était confié à des tribunaux d'un ordre particulier; ils ressortissaient par appel à des cours supérieures des aides, gabelles et finances, des comptes, etc., etc. Les magistrats qui y siégeaient possédaient leurs charges en titre d'offices; ils étaient tous inamovibles et indépendants : devant ces tribunaux, et suivant la diversité de leurs attributions, on portait toutes les affaires contentieuses dont l'administration actuelle s'est emparée et qu'elle a attirées à sa juridiction, quoique différentes entre elles par leur nature et leur objet.

« Ces affaires étaient instruites avec solennité; on observait des formes protectrices, et les citoyens trouvaient dans ces magistrats des juges impartiaux, rarement disposés à favoriser les envahissements du fisc.

« Ainsi, on peut dire de la justice administrative, comme de tant d'autres objets qui ont déjà formé l'objet de ce livre : elle était plus libéralement rendue sous l'ancienne monarchie absolue

que sous le gouvernement constitutionnel ; c'est
que nous nous traînons sur les institutions qui
servaient de marchepied au despotisme impérial. »

Il y aurait bien d'autres raisons à donner , d'autres autorités à produire ; mais en admettant que
le Conseil d'État soit maintenu, par la raison que
nous reconnaissons que nous ne sommes point arrivés au point de rompre avec des traditions for-
tement accréditées parmi nous , puisqu'elles se
reportent à l'ancienne monarchie , et n'en ont été
détachées que pendant la révolution , pour revivre
avec le consulat et l'empire dont la France a si
chèrement payé les fautes , en ce point comme en
plusieurs autres , nous croyons pouvoir proclamer
avec confiance que les situations indépendantes
sont particulièrement favorables à la manifesta-
tion des saines maximes ; que si les lois gênent
les passions·, elles défendent l'honneur, la vie et
les fortunes , et qu'il n'y a aucun danger de s'attacher aux institutions qui ne marchent qu'avec ce
guide. Voilà pourquoi, que le Conseil d'État existe
ou n'existe pas, après avoir , dans une loi plus éla-
borée que celles qui nous ont été présentées, bien
cherché à tirer la ligne de démarcation du pouvoir administratif et du pouvoir judiciaire, il y aurait bien peu d'inconvénients d'attribuer à la Cour
de cassation la connaissance de tous les conflits
de juridiction. Déjà investie du droit de prononcer sur les conflits qui s'élèvent entre les tribu-

naux militaires et les tribunaux ordinaires, il y aurait peu de chose à faire pour compléter sa compétence.

La Cour de cassation, quoique paraissant adhérente à l'ordre judiciaire, ne lui appartient pas cependant d'une manière exclusive ; elle n'intervient jamais, même avec la loi du 1er avril 1837, pour juger ce qui a été jugé, mais pour statuer selon ce qui a été jugé. Elle ne s'occupe que de l'acte du juge et non du fait des parties, qui doit toujours lui rester étranger. Ne jugeant pas l'affaire au fond, elle est une sentinelle placée pour veiller à ce que la loi ne soit point enfreinte ni violée. Elle la met en regard de l'acte judiciaire qui lui est déféré ; et suivant qu'elle pense qu'il est ou qu'il n'est pas conforme à son texte et aux formes qu'elle prescrit, elle le laisse passer ou l'arrête et le casse. Mais elle laisse subsister l'instance qui se ranime, en se replaçant au point où elle était avant la décision cassée : dans le cas même où, par un second pourvoi, qui ne peut être jugé que par toutes les sections réunies, la décision nouvelle serait encore cassée, il faudrait aller chercher l'autorité de la chose jugée ailleurs qu'à la Cour de cassation, qui ne peut jamais la donner.

Cette Cour peut donc être considérée comme un corps mixte et indépendant qui donnerait au citoyen plus de sécurité, en offrant au gouvernement lui-même plus de garantie contre les propres fautes dans lesquelles il pourrait être entraîné.

L'arrêt qu'elle a rendu le 29 juin 1832, à la suite de la panique frayeur du ministère d'alors, sera un monument éternel à présenter à tous les gouvernements éclairés; il sera la preuve que les aberrations politiques ou les frayeurs auxquelles se laissent emporter les hommes qui traversent le pouvoir ne pénètrent pas aisément dans les grands corps judiciaires, qui n'ont toujours que la loi devant les yeux, avec l'habitude constante de ne jamais s'écarter des prescriptions impératives qui couvrent le citoyen. Hommage donc, mille fois hommage lui soit rendu! En nous replaçant dans l'ordre régulier dont des ministres insensés n'avaient pas redouté de nous faire sortir, la Cour de cassation a sauvé peut-être le pays et son roi.

Revenant à notre texte primitif des *conflits*, nous disons que les raisons n'ont jamais manqué pour les faire admettre : il fallait bien, disait-on, arrêter les écarts des tribunaux; mais en nous arrachant la tutelle qu'ils ont toujours offerte au citoyen, y compris même les Parlements, contre lesquels on a tant crié, quel moyen nous restait-il de nous défendre contre les entreprises toujours croissantes de l'administration? Pendant que le Conseil d'État rendait les décrets homologatifs des conflits, il rédigeait des lois portant des injonctions ou des peines contre les magistrats qui ne s'arrêtaient pas tout court devant les réclamations administratives. Ces traditions avaient passé d'un régime sous l'autre : chaque ministère semblait renchérir sur son devancier ; l'autorité judiciaire, sapée de toute part, allait succomber, lorsque la Providence, qui veillait sur la France, lui fournit l'occasion et les moyens de punir le gouvernement imposteur qui voulait détruire le pacte sans lequel il n'avait plus de soumission à demander.

Ce n'est point assez que nous ayons récupéré nos droits violés, puisque moins de deux ans après nous les avons vus encore menacés, et que, sans la sagesse de la Cour de cassation, à laquelle la volonté royale n'a point hésité à se ranger aussitôt, nous aurions peut-être été obligés de recommencer la lutte qui venait de finir. Il faut, après avoir échappé au péril, employer tous les moyens qui empêcheront de le voir renaître ; il faut arracher de nos institutions celle que le pacte fondamental n'y a point introduite ; il faut tout au moins, par une loi sage et bien combinée, la mettre dans l'impossibilité de retomber dans les écarts qui ont été signalés. Nous ne pouvons laisser sans responsabilité et sans barrière un grand corps qui, agissant avec les ministres, accapare, avec le nom sacré du roi, toutes les attributions, même celle de paralyser la puissance judiciaire, et de se mettre à sa place quand il le juge convenable.

Le Conseil d'État, en se donnant le droit de prononcer sur les affaires contentieuses, se conféra par là un pouvoir judiciaire qui, bien que restreint par le texte aux affaires dont la décision était précédemment remise aux ministres, s'étendit, avec le temps, à toutes celles que les préfets impériaux, entraînés dans le tourbillon, adressaient de tous les points de l'empire.

Les ministres jusque là avaient bien le droit de rendre des décisions, mais c'était uniquement sur celles de leurs agents inférieurs : préposés à l'administration générale, jamais ils n'entraient dans les débats particuliers, ainsi que l'a fait depuis le Conseil d'État. Devenu ainsi pouvoir permanent, il attira successivement à lui une multitude d'affaires litigieuses : de prétexte en prétexte, et toujours avec les motifs articulés d'ordre public, il s'éleva comme autorité qui veille au-dessus de toutes les autres : chacune d'elles n'avait qu'une attribution, qu'une compétence particulière ; le Conseil d'État les réunit toutes.

C'est sur une base aussi fragile que celle posée par le règlement du 5 nivôse que sont venus s'agglomérer ces monceaux de décisions qui embrassaient toutes les parties et réglaient tous les intérêts.

Aujourd'hui un ministre, étant seul responsable, doit seul intervenir pour lever l'obstacle qui peut arrêter l'exécution générale des lois. Si, en détruisant cet obstacle, un intérêt privé fondé sur un droit est méconnu ou froissé, la partie lésée par l'administration ne devrait jamais être contrainte de se faire juger par celle qui devient juge et partie. L'acte d'empiétement ou d'illégalité d'un agent de l'administration ne peut jamais donner à celle-ci une compétence ou un droit de juger qu'elle n'avait pas auparavant. Il faut qu'un citoyen puisse dire à un ministre ou tout autre agent ce qu'un sujet disait à un grand roi : « Il y a des juges à Berlin ; » le citoyen le pourra d'autant mieux, qu'en se cramponnant à la charte, qui ne permet pas que qui que ce soit puisse être arraché à ses juges naturels et livré plus au Conseil d'État qu'à toute autre commission, il n'y aurait aucun moyen pour vaincre sa résistance.

Une fois que le Conseil d'État se fut reconnu le droit de prononcer sur le contentieux, opérant sans autre contrôle que celui du chef de l'État, si peu disposé à l'arrêter, il alla jusqu'où il jugea à propos de le faire : l'attribution suivante, qu'il se constitua sur la Cour des comptes, en est une preuve :

CHAPITRE IX.

Continuation des empiétements. — Nécessité d'un remède.

La Cour des comptes fut organisée par la loi du 16 septembre 1807 pour remplir les fonctions de la comptabilité nationale : appelée à juger tous les comptes des agents ministériels chargés de la manutention des deniers publics, nul corps n'avait plus besoin d'indépendance ; aussi lui fut-elle donnée par l'art. 6, qui dit que les membres sont nommés à vie par l'empereur.

Obligée de comparer la nature des recettes avec les lois, et des dépenses avec les crédits ; ayant de plus reçu la mission de comparer les arrêts qu'elle a rendus sur les comptes individuels de tous les comptables de France avec les comptes généraux présentés aux Chambres par les ministres, et de publier en audience solennelle les résultats de cette comparaison ; en relation avec les Chambres par cet arrêt de conformité ou de non-conformité exigé principalement pour elles ; communiquant directement avec le roi par la remise du rapport qu'elle est tenue de lui adresser chaque année, quel pouvoir peut se placer au-dessus du sien? Aussi l'art. 7 dit-il : « Elle prend rang immédiatement après la Cour de cassation, et jouit des mêmes prérogatives. »

Une position ainsi faite ne comportait, sous aucun rapport, l'addition qu'y fit le Conseil d'État, de s'attribuer le droit de statuer sur le pourvoi que le comptable se croirait fondé à former dans les trois mois, contre un arrêt, pour violation des formes ou de la loi.

Tout porte à penser que cette disposition, qui paraît avoir pour objet le comptable, à qui on donnait une haute justice supérieure, n'était qu'un échelon pour la suivante :

« Le ministre des finances et tout autre ministre
« pour ce qui concerne son département, pour-
« ront faire dans le même délai leur rapport à
« l'empereur, et lui proposer le renvoi au Conseil
« d'État de leurs demandes en cassation des ar-
« rêts qu'ils croient devoir être cassés pour viola-
« tion des formes ou de la loi. »

Si l'on n'eût pas senti qu'un droit de cette nature était exorbitant, peut-on concevoir qu'un ministre à qui il était concédé ne pût l'exercer que d'après l'autorisation de l'empereur, c'est-à-dire qu'un ministre ne pouvait faire ce que le comptable avait le droit de faire directement? Peut-on également expliquer qu'après avoir dé-claré que les arrêts de la Cour étaient exécutoires, on accorde le droit de pourvoi au Conseil d'État sans déterminer si ce pourvoi était suspensif, ou si l'arrêt pouvait encore s'exécuter? Peut-on mieux se rendre compte de l'effet de ce pourvoi, quand on voit que la Cour des comptes elle-même juge le fond, de sorte que si elle persévère dans sa jurisprudence, la décision du Conseil d'État est sans effet?

Il résulte de là qu'un corps inamovible ayant les mêmes prérogatives que la Cour de cassation pouvait voir ses arrêts cassés par un Conseil amovible. On avait l'air de créer un corps indépendant, aussitôt on imaginait un moyen qui armât contre lui. Un exemple se trouve encore dans l'article 7 de cette loi, qui, après avoir dit que les membres de la Cour sont nommés à vie par l'empereur, a reçu par l'article 2 du décret le correctif: « Que les membres nommés par la première organisation exerceront leurs fonctions pendant cinq ans, après lesquels ils recevront nos lettres de nomination à vie, si, d'après cette épreuve, nous jugeons qu'ils aient justifié nos espérances. » Quel assemblage!...

Dans un ordre de choses de cette nature, on fut obligé de créer les conseillers d'État à vie, de sorte que ce qu'il y a d'inconciliable aujourd'hui n'était pas aussi choquant alors : le système fondamental une fois admis, tout le reste était d'accord. Il y avait bien encore ce pouvoir exorbitant donné au Conseil de casser un arrêt de la Cour des comptes ; mais ce droit, il l'exerçait aussi par voie de conflit sur la Cour de cassation, dont il a cassé plusieurs arrêts, sans que pour cela on pût dire que le Conseil d'État avait une autorité supérieure à celle de la Cour de cassation.

N'est-ce pas le lieu d'appliquer ici ce qui se disait en 1814, alors que nos malheurs nous ouvrirent enfin les yeux pour chercher à les faire cesser : « Après ces saturnales de la force et de la conquête, après ce long mépris de la justice, rien n'était plus à propos pour rebâtir un trône et redresser un pays courbé sous le poids de ses défaites, que de proclamer qu'il y a des droits contre lesquels la force ne prévaut pas. »

Le droit de casser, fût-il régulier, atténuerait encore bien moins la souveraineté de la Cour des comptes que celui de la Cour de cassation n'atténue celle des Cours royales : le droit de casser est bien un attribut de souveraineté ; mais le droit de juger en dernier ressort est un autre droit de souveraineté ; la Cour de cassation a le premier, les Cours royales ont le dernier, à tel point que la Cour royale à qui l'affaire est renvoyée peut juger autrement que ne l'a fait la Cour de cassation. (Voyez ci-dessus, p. 72.)

La Cour des comptes serait encore bien moins inférieure au Conseil d'État, puisque c'est elle-même qui statue après cassation ; si elle persévère en jugeant le fond, elle restera toujours juge souverain vis-à-vis du Conseil d'État.

Du droit spécial de casser on peut d'autant moins en tirer la conséquence que le Conseil d'État est supérieur à la Cour de cassation ou à la Cour des comptes, que ce n'est que par interprétation de ce droit limité qu'on peut y arriver, et que cette interprétation s'efface devant le texte positif de la loi, qui, plaçant la Cour des comptes immédiatement après la Cour de cassation et avec les mêmes prérogatives, ne lui donne pas plus qu'à cette Cour le Conseil d'État pour supérieur. Ce qui montrera encore que la nouvelle charte n'a pas entendu reconnaître la suprématie du Conseil d'État, comme institution, sur celle de la Cour des comptes, ni par conséquent la déchoir de la position qu'elle tient de la loi organique, c'est que l'art. 23 de la charte rend éligibles à la Chambre des pairs les membres de la Cour des comptes après cinq ans de service, et que les membres du Conseil d'État ne le deviennent qu'après dix ans.

Il faut conclure de là que le droit dont s'est emparé le Conseil d'État, puisque c'est lui seul qui rédigeait et, à proprement parler, faisait les lois aussi facilement que les décrets, est un des envahissements dont il s'est emparé pour le chef dans les mains duquel tout pouvoir aboutissait; que ce pouvoir est tout à fait inutile, puisque la Cour des comptes, n'appréciant en général que des faits et les actes qui les autorisent, n'est soumise à aucune forme déterminée; qu'il est d'autant plus inutile, que l'affaire lui revient à elle-même; qu'en continuant à juger comme elle l'avait fait, la supériorité lui reste sur le Conseil d'État; qu'il eût fallu indiquer un moyen régulier de faire cesser la collision; que si on ne l'a pas fait, il est à croire que c'est pour ne pas trop fixer les yeux sur des dispositions qui, dans cet état, ne constituaient que des droits qui, tant qu'ils n'étaient pas réglés dans le mode de les exercer et les effets qui en naîtraient, n'étaient pas irrévocablement établis.

Une autre preuve d'inutilité se tire encore du rapprochement à faire avec la Cour de cassation. Cette Cour est principalement instituée pour uniformiser la jurisprudence, qui, à raison des anciennes coutumes et des divers droits de chaque province, aurait pu varier à l'infini. Ici la Cour des comptes, constituant un corps unique qui plane sur tout le royaume, ne peut faire bigarrure avec aucun autre; elle se fait elle-même sa jurisprudence sans aucun inconvénient de discordance; la présence d'une autre autorité ne pourrait que le faire naître; il faut encore, par cette raison, soigneusement l'éviter.

Jouissant des mêmes prérogatives que la Cour de cassation, elle ne doit pas plus qu'elle avoir de supérieur, à moins qu'on ne veuille admettre que tout corps, quel qu'il soit, doit avoir son surveillant; mais alors où s'arrêtera la surveillance? qui deviendra donc celui du Conseil d'État? Le passé nous montre l'avantage qu'il y aurait eu de lui en donner un; combien de ses décisions eussent encouru la cassation !...

Enfin, une dernière preuve de l'inutilité de

l'intervention du Conseil d'État se tire de l'expérience faite, tant sur la commission de comptabilité nationale, qui n'était soumise qu'à la révision du gouvernement, que sur sa transformation en Cour des comptes.

Les archives du greffe ne nous ont fourni que trois pourvois :

Le premier, du 10 décembre 1817, par le ministre des finances, contre deux arrêts des 8 mai 1816 et 24 juillet 1817, sur la comptabilité du sieur Catoire, liquidateur des anciennes fermes et régie des salines.

Catoire opposait au ministre une première fin de non-recevoir tirée de ce que le procureur-général ayant adressé *officiellement* au ministre, le 20 juin 1816, l'arrêt du 8 mai, plus de trois mois, terme de rigueur, étaient écoulés.

Un deuxième, fondé sur ce que le ministre, s'étant pourvu en révision, s'était par là interdit le recours en cassation, d'autant mieux encore que l'arrêt de révision, en date du 24 juillet 1817, avait de même été adressé au ministre le 16 août suivant, et que les trois mois étaient aussi écoulés.

Le procureur-général requérait l'admission de ces deux fins de non-recevoir; quelque invincibles qu'elles parussent, une ordonnance du 28 juillet 1819 les rejette et casse les deux arrêts.

Il y eut renvoi à la Cour, qui, le 10 août 1822, rendit un arrêt presque semblable au premier ; on ne tenta point un deuxième pourvoi, mais le ministère de M. Villèle prononça la déchéance contre Catoire, malgré les instances, qu'il avait suivies avec persévérance et sans interruption.

Le deuxième est de 1835, et l'ordonnance du 8 janvier 1836, qui, sur un pourvoi par le sieur Rosier, ex-percepteur de trois communes du Puy-de-Dôme, le 29 juillet 1829, annule un arrêt de la Cour du 6 juillet précédent, en ce qui concerne un bon de réquisition de 800 fr., employé en acquittement de cotes irrecouvrables.

Cette affaire n'a plus eu de suite à la Cour, où elle n'a pas reparu. Il est à croire que l'ordonnance est restée sans effet.

Le troisième est relatif au sieur Peligot, directeur du Mont-de-Piété : celui-là a été rejeté par ordonnance du 12 juillet 1836.

Il faut convenir qu'une juridiction qui, pour des temps chargés de si grandes masses de comptabilité publique, n'a été mise en œuvre que trois fois dans un espace de près de cinquante ans, et pour des cas que nous regrettons beaucoup de ne pas faire connaître à fond, trouve dans cette expérience la démonstration de son inutilité.

Il y a donc une grande difficulté, pour ne pas dire impossibilité, de faire concorder l'attribution avec notre ordre constitutionnel, avec l'indépendance des pouvoirs; jamais on ne pourra régulièrement admettre que le Conseil d'État, ni même les ministres, puissent lacérer les arrêts d'un grand corps inamovible, précisément institué pour surveiller leur comptabilité et celle de tous leurs agents.

Il y a plus : il faut ajouter qu'avec l'organisation actuelle du Conseil d'État et le mode de procéder qui y est adopté, il y a impossibilité de le saisir régulièrement dans le cas présent.

L'art. 17 de la loi du 16 septembre 1807 autorise le comptable à se pourvoir, et un ministre à faire son rapport à l'empereur pour lui proposer le renvoi au Conseil d'État.

De là il résulte que le Conseil d'État avait une attribution précise, sur laquelle il devait statuer seul et non dans la forme de décret ; ce qui démontre un droit privatif, c'est que, dans le cas de pourvoi d'un ministre, l'empereur, après avoir autorisé le renvoi au Conseil d'État, n'a plus à revenir au Conseil d'État pour prononcer encore sur une affaire épuisée devant lui par le renvoi qu'il avait autorisé. Il résulte encore de là, autant du moins qu'une législation de cette sorte permet de raisonner, que, le Conseil d'État saisi, il avait le droit de prononcer comme Conseil d'État sans avoir besoin de l'approbation de l'empereur, ainsi qu'on était dans l'usage de le faire pour les cas où l'empereur n'était point intervenu, ou pour ceux où un acte préliminaire nécessaire l'avait déjà mis à même de se prononcer ; il ne pouvait plus le faire une deuxième fois, puisqu'il se serait jugé lui-même sur le renvoi qu'il avait ordonné devant lui-même.

S'il y a là une irrégularité de plus, que la loi, tout irrégulière qu'elle est, ne semble pas admettre, il en est *à fortiori* de même sous le régime actuel : pour exécuter la loi sur laquelle le ministre fonderait son pourvoi, il devrait faire son rapport au roi, obtenir l'autorisation du renvoi devant le Conseil d'État ; ce qui ne peut être, parce que le renvoi n'ayant lieu qu'avec la signature du ministre, celui-ci étant, pour ainsi dire, partie, puisque c'est lui qui demande, en sa qualité, ne saurait l'autoriser lui-même. Le Conseil d'État, ne faisant rien que donner son avis, n'exerce pas, en cette forme, le droit qui lui est imparti par l'art. 17 ; il implique contradiction que le roi, après avoir autorisé son ministre à renvoyer au Conseil d'État, vienne encore approuver la délibération du Conseil d'État ; de sorte que si la délibération est conforme au renvoi, le roi intervient deux fois pour le même fait : si elle lui est contraire, il approuvera le pour et le contre.

Il en faut conclure que pareille disposition, n'ayant voulu consacrer qu'une attribution exorbitante que le temps comportait, n'a peut-être jamais reçu exécution à cause de la difficulté qu'elle aurait présentée ; qu'aujourd'hui elle serait tout à fait inexécutable ; que s'il intervenait décision ou ordonnance, elle ne pourrait se maintenir, parce qu'elle serait surprise au roi, et parce que, n'existant point d'autorité supérieure au Conseil d'État ou au ministre, force resterait à

une inconstitutionnalité, faute de moyen de l'empêcher ou de la redresser : inconvénient majeur
qui prouve tout à la fois le danger de l'attribution
et le danger du corps à qui elle est faite ; danger,
du reste, qui se représente dans une multitude de
cas plus ou moins analogues.

J'avais seulement indiqué cette question dans
la crainte que ce que j'en aurais dit de plus ne fût
considéré comme dicté par un sentiment personnel, tellement éloigné de ma pensée, que je ne
l'entrevois même pas.

L'articulation faite à la tribune de la supériorité
du Conseil d'État sur la Cour des comptes a provoqué et même nécessité ces explications. Autant
les corps doivent s'étudier à ne point sortir des limites dans lesquelles ils ont été placés, autant ils
doivent chercher à les faire respecter quand elles
sont attaquées ; elles sont sous leur sauvegarde.

L'assimilation à la Cour de cassation est une de
ses prérogatives ; elle doit, avec elle, repousser
la suprématie du Conseil d'État, et être rétablie
dans un traitement dont elle ne peut être déchue
sans rompre l'égalité établie.

Quelque réserve que je me sois imposée sur ce
point, pourquoi ne ferais-je pas connaître la conduite du corps, lorsqu'il s'est agi d'appliquer la réduction ? Elle ne fut pas votée sur chaque traitement comme pour la Cour de cassation, mais de
100,000 fr. sur la totalité des dépenses (personnel et matériel). La Cour n'hésita point à prendre

pour les présidents et conseillers maîtres l'assimilation à la Cour de cassation, bien que la répartition proportionnelle eût été de moins de moitié.

Depuis, la Cour n'a rien sollicité ; il a fallu que la Cour de cassation fût rétablie dans son ancienne position pour que la Cour des comptes crût qu'elle ne devait pas laisser périr la sienne.

Le traitement de chaque membre de la comptabilité nationale était de 15,000 fr., même sous la république et sous le consulat, alors que la Cour de cassation n'en avait qu'un de 10,000 fr. Si la loi de 1807 l'a maintenu, si les attributions de la Cour se sont étendues, si elle a rempli sa mission à la satisfaction publique, quelle raison y a-t-il de lui faire perdre le rang qu'elle tenait de son organisation ?

La Cour ne pouvait s'attendre que M. Dupin quittât la haute position où il est placé, pour venir réclamer l'assimilation au grand corps de magistrature dont il est une si brillante lumière.

Je me rends l'organe de la compagnie en saisissant cette occasion de lui en adresser les plus sincères remercîments, avec d'autant plus de gratitude que c'est sur ses fonctions et son attachement scrupuleux à les remplir qu'il s'est appuyé pour le rétablissement de l'équilibre. Elle ne pouvait rencontrer un avocat qui devinât mieux les moyens qu'elle eût employés.

C'est en pénétrant dans l'intérieur de notre

vaste laboratoire qu'on peut avoir l'idée de l'immensité des travaux, du zèle et du courage apportés par les travailleurs qui, il faut le dire, sont les référendaires.

Si l'on vient dans les chambres, en commençant par les présidents, on y rencontre les plus hautes capacités, particulièrement dans les membres qui ont été formés dans cette grande école. Là, pas un arriéré d'un jour; il semble que l'ardeur croît avec les travaux : les *comptes matière* seront pour elle une surcharge prodigieuse; les croyant nécessaires à la conservation de la fortune publique, elle les réclame avec persévérance.

Je regrette cette petite digression; j'ai cru qu'il ne suffisait pas que j'eusse l'honneur de faire partie d'un corps aussi distingué pour que, en m'effaçant tout à fait, je dusse m'abstenir de saisir l'occasion qui m'était offerte de lui rendre la justice qu'il mérite à tant de titres, et que sa modestie l'empêchera toujours de faire connaître.

Les inconvénients résultant de son contact avec le Conseil d'État, et la parenthèse qui a été ouverte à la Chambre à son occasion, m'ont forcé d'en parler : puissent ces inconvénients, qui se répètent sur tant d'autres points, faire sentir que l'état actuel des choses, auquel il est impossible de ne pas apporter remède, provient principalement de ce que notre charte est posée au milieu de toutes les lois faites dans la vue unique de donner à un pouvoir nouveau une garantie qui ne se composait que de celle qui était enlevée aux administrés pour en couvrir l'administrateur, ou aux institutions indépendantes, et qui doivent l'être aujourd'hui, pour les mettre en dépendance! Cette charte, que le roi qui l'a jurée veut être une vérité, cesserait de l'être, si elle restait livrée à un corps qui, placé au faîte, atteint par tous les côtés les intérêts politiques et privés. Comment pourra-t-elle se mouvoir sous le fardeau de tant de créations subreptices, avec un Conseil d'État qui, quelques précautions qu'on prenne contre lui, ne pourra jamais être retenu dans de justes bornes? Il faut préserver notre roi de juillet des erreurs dans lesquelles l'empire comme la restauration ont été entraînés peut-être sans le vouloir.

Les ministres de la restauration, pour assurer d'autant mieux leurs usurpations, avaient pris les magistrats pour auxiliaires; sous prétexte qu'ils connaîtraient mieux leurs attributions, ceux-ci étaient introduits dans le Conseil : aussi l'on a vu le juge qui avait succombé dans sa compagnie venir, par suite d'une évocation au Conseil d'État dont il faisait partie, combattre l'arrêt qui avait été rendu contre son avis, et obtenir là un succès qui lui avait été refusé comme juge.

Le plaideur qui avait un procès où les ministres croyaient avoir un intérêt, où un homme en faveur avait l'appui de l'administration, était-il et devait-il être bien rassuré, lorsqu'il entrevoyait sous la robe magistrale de son juge l'habit brodé du conseiller d'État ? Quand, par suite de l'évocation, il arrivait au Conseil d'État où il retrouvait le juge qui avait opiné contre lui dans la justice réglée, devait-il avoir plus de sécurité? L'indépendance judiciaire était neutralisée par la dépendance administrative; le cumul des fonctions était un mal, le cumul des traitements une subornation envers le juge. Quoique l'opinion publique ait fait justice de ces amalgames, nous n'avons aucune garantie qu'ils ne se reproduiront plus : il faut profiter de l'horreur qu'ils inspirent, pour en détruire les causes ou en empêcher sans retour les effets.

Notre matière administrative est teinte de la couleur des divers gouvernements à travers lesquels elle a passé depuis quarante ans. L'empire, en faisant refluer toute l'administration vers le Conseil d'État, la restauration, en continuant le système, ont habitué les ministres à un levier de cette nature ; plusieurs personnes même, accoutumées à le voir en action, ont fini par le regarder comme une autorité dont on pourrait difficilement se passer. Quant à nous, qui avons concouru autant que nous l'avons pu à lui enlever l'interprétation des lois, nous voudrions pouvoir, dans un intérêt public bien entendu, lui arracher encore le contentieux qui, dans tout intérêt particulier, ne peut appartenir qu'au juge. Si l'on redoute la Cour de cassation, qu'on y compose une section de sept ou neuf membres, tous les droits seront alors assurés.

Que resterait-il après cela? un corps superfétatoire, menaçant nos institutions, sans pouvoir jamais rien faire pour elles.

Toutes les attributions conférées à l'administration générale seront un peu restreintes et se répartiront dans les administrations locales, où elles trouveront une solution plus sûre et moins coûteuse.

Ce qui tient à une exécution prompte et de nature à compromettre la sûreté publique restera toujours à l'administration, appelée à prononcer avec plus de célérité. Elle ira jusqu'au point où des droits seront atteints dans les mains du citoyen. Alors il faudra bien se soumettre à l'autorité judiciaire instituée pour juger, avec les formes tutélaires qui lui sont propres, toutes les personnes comme toutes les affaires.

Les magistrats, entendant la défense publique de tous, applicateurs calmes des lois, et ne pouvant jamais marcher qu'avec elles, ne se verront plus, comme par le passé, neutralisés sur leur siége, dépouillés de leurs premières attributions, et souvent réformés dans les décisions qui n'étaient intervenues qu'après le plus profond examen, et surtout l'appréciation de tous les faits et circonstances qui, rarement, pouvaient se développer au Conseil d'État, ou qui y étaient souvent dénaturés et présentés sous un faux jour.

Au moins, si on affaiblit le foyer d'agglomération que le système révolutionnaire a formé à Paris, si on rend à l'administration locale tout ou partie de ce que les diverses spoliations lui ont ôté, le Conseil d'État verrait encore ses attributions singulièrement restreintes. La décentralisation étant partout sentie, chaque localité vaquera à ses propres affaires, sans être obligée de recourir sans cesse à un Conseil d'État, où, à des distances aussi éloignées, les affaires ne présentent plus qu'un croquis peu propre à en faire connaître toutes les parties.

Ce qui signale un vice inhérent au Conseil d'État se tire des altérations qu'il a subies, pour s'approprier aux diverses situations qui lui ont été faites. Lorsque le gouvernement impérial, si peu disposé aux concessions, l'eut investi du pouvoir de juger, il sentit la nécessité de le présenter comme indépendant, en déclarant que les membres qui le composaient depuis cinq ans étaient à vie : voilà pour les justiciables la garantie au moins apparente de l'inamovibilité.

Que les membres du Conseil qui sont à la Chambre émettent une opinion qui ne convient pas aux ministres, sans aucune forme ils sont renvoyés et traités comme s'ils faisaient partie d'une commission.

On a pris tout ce qui existait, création, organisation, attributions ; ce qu'il avait de passable, l'irrévocabilité, a été mis de côté.

En faisant disparaître un pouvoir qui a tant contribué au rapt de nos libertés, on rassurera l'opinion ; on ôtera aux deux Chambres, pour qui les places semblent réservées, un aiguillon qu'on ne peut montrer sans danger : l'amovibilité administrative a fait suspecter l'inamovibilité judiciaire lorsque l'une s'unissait avec l'autre ; elle compromet aujourd'hui l'indépendance législative.

Que les ministres mettent en balance les avantages qu'ils en retirent, lorsqu'ils ne veulent pas violer nos droits, avec les désavantages qui y sont attachés, il est difficile de penser que les importunités auxquelles ils seraient soustraits (car pour les places de conseillers d'État jusqu'à celles d'auditeurs, l'essaim des solliciteurs est incalculable), les embarras qu'ils éprouvent pour s'assortir avec les hommes et les systèmes de leurs prédécesseurs, ne leur fassent pas sentir la nécessité d'arracher pour toujours les attributs judiciaires du lieu où ils ont trop longtemps été placés, et où, avec le moindre relâchement, ils pourraient encore se trouver reportés. Si l'institution ne se justifie par la plus impérieuse nécessité, ce que semblent démontrer le silence de la charte et l'absence de toute loi d'organisation ; s'il ne doit point exister de titres sans fonctions, ainsi que nous le voyons si fréquemment pour un nombre prodigieux de conseillers d'État ou de maîtres des requêtes revêtus de ces titres ; si des traitements ne peuvent être soldés par le trésor sans des services reconnus indispensables, pourquoi soutenir un corps qui, avant la révolution, occasionnait déjà les plus vives réclamations, un corps qui, dès lors, se mettait déjà en agression avec l'autorité judiciaire? S'il a été l'arsenal où se sont forgées les chaînes que les désastres de 1814 sont venus briser; si la restauration les a rassemblées de nouveau pour en faire usage contre nos libertés, contre les droits que l'acte public reconnaissait, n'hésitons point à nous prémunir contre le retour de pareils malheurs.

Nous concevons que les ministres, dépourvus tout à coup des moyens qu'ils s'étaient habitués à puiser dans ce Conseil, aient quelque peine à l'abandonner; mais en réfléchissant au bien qui en résultera dans le fait et dans l'opinion, ils en feront le sacrifice.

S'il leur faut des conseillers, ils les ont tout naturellement dans les chefs supérieurs de leur département, auxquels ils pourront adjoindre tels membres qu'ils pourront appeler. Ce Conseil, composé de fonctionnaires de tout ordre, atteindrait d'autant mieux le but, qu'il associerait plus de monde à la chose publique, et que de hautes notabilités se trouveraient honorées de contribuer par là à l'administration générale de leur pays.

CONCLUSION.

Le Conseil d'État, tant avant notre grande révolution de 89 que depuis sa renaissance en 1800, a formé une autorité qui, au lieu de servir le pouvoir royal, l'a fréquemment compromis, en le faisant toujours sortir des limites dans lesquelles il devait se circonscrire. Sous prétexte que, placé près du prince, il devait veiller à ce que le pouvoir royal fût respecté, il a lutté sans cesse avec l'autorité judiciaire, qu'il accusait toujours d'empiétements quand rien n'était établi pour nous préserver des siens : il pouvait d'autant plus en commettre, qu'il n'avait aucune autorité au-dessus de lui pour l'arrêter, et que, placé au cœur du gouvernement, c'était toujours la puissance royale qu'il fallait respecter.

Dès l'ancien temps, cependant, nos rois entendaient la nation leur dire dans ses états assemblés que le Conseil d'État ne devait pas la juger ; que ce n'était pas pour cela qu'il avait été érigé ; que l'époque à laquelle ce jugement arriverait, serait destructive du gouvernement ; que l'administration réunie à la juridiction produirait le despotisme, parce que la sûreté des citoyens consiste à être jugés par ceux qui ne connaissent d'autres règles que la loi, parce que les principes incertains de l'administration servent aisément à colorer les injustices, et parce que toute autorité qui n'est contre-balancée par aucune autre devient abusive. Le Conseil d'État de l'empire, comme celui de la restauration, loin d'affaiblir les causes de reproches, n'ont fait que les aggraver : il semble qu'il est de l'essence d'un pouvoir ainsi placé, d'empiéter sans cesse, soit qu'il agisse dans la crainte de se laisser envahir, soit qu'il s'exagère à lui-même le besoin de sa conservation, soit que, recevant influence de ministres qui se trompent dans leur système d'administration, il se prête avec trop de facilité à l'impulsion qu'il en reçoit.

Si des particuliers récusaient la justice ordinaire pour invoquer celle du roi en son conseil, ce n'est pas la justice qu'ils réclameraient, c'est la faveur, qui est plus aisée à surprendre que l'autre n'est facile à éclairer. Si la récusation vient des ministres, elle est encore plus suspecte; elle n'a et ne peut jamais avoir pour juste motif la conservation du pouvoir royal, mais bien l'injuste suspicion de la magistrature régulière, et la crainte de ne pas pouvoir la dominer dans les cas où l'on s'est fait de fausses idées sur l'importance de l'affaire et la décision qu'elle peut recevoir.

Tant que deux justices seront établies, que la ligne séparative des attributions de l'une et de l'autre ne sera pas tellement tracée que les contestations se classent d'elles-mêmes, ce qui est impossible, il y aura, quoi qu'on fasse, dissidence entre l'une et l'autre. Pour peu que la politique du Conseil d'État, qui y est nécessairement soumis, vienne s'ajouter à la rivalité des corps, à l'intérêt particulier, les prétentions comme les défiances s'animeront; si les temps calmes ne les font point apparaître, aussitôt que les divisions d'opinions se manifesteront, elles se réveilleront bientôt. Qui donc calmera ces rivalités? Il faudrait qu'un tiers fût bien haut placé et bien désintéressé pour qu'il pût faire cesser ces conflits élevés entre le Conseil d'État, représentant ici le pouvoir exécutif, et le pouvoir judiciaire. Si l'opinion publique, seul juge supérieur et possible, vient, ainsi que cela est inévitable, prendre parti, quelle collision dangereuse n'en va pas surgir! Sous l'empire, elle ne s'est point élevée, parce qu'alors tous les pouvoirs étant dans la même main, on ne savait qu'obéir. Sous la restauration, la fermentation était telle, qu'il n'a fallu que trois jours pour que le pouvoir exécutif pérît dans la lutte.

Il n'est donc ni possible ni raisonnable, en élevant ces deux pouvoirs, de donner à l'un le droit d'attaquer, et de plus celui de décider. Le Conseil d'État, en ce cas, devient juge et partie ; il prononce dans sa propre cause. D'un autre côté, la puissance judiciaire étant aussi souveraine dans ses attributions que l'autre pouvoir qui vient les lui contester, n'y a-t-il pas perte d'équilibre de donner ainsi prévalence à l'un sur l'autre?

Quoique la lutte ne s'engage qu'avec un tribunal de première instance, elle n'en existe pas moins avec l'autorité judiciaire; ce tribunal ne connaît de supérieur que la Cour royale ou la Cour de cassation; le voilà soumis à une décision du Conseil d'État, à laquelle, si l'on veut, on donnera la forme d'ordonnance du roi; décision à laquelle il devra se soumettre pour une contestation dont il était saisi, sans que la Cour royale ni la Cour de cassation aient pu même en connaître, puisque le Code pénal le leur interdit aussitôt que l'autorité administrative a prononcé le mot de revendication.

Si le conflit s'élève avec une Cour royale ou avec la Cour de cassation, l'objection n'aura pas plus de force, mais du moins les dernières autorités de chaque branche seront en face; et alors, s'il y a souveraineté dans chacune de ces branches, il faut dire qu'elle est perdue par la suprématie qui a jusqu'à présent été donnée au Conseil d'État.

Telle est la véritable situation; nous voilà à même de dire que pour l'éviter, il n'y a que cette alternative : ou tracer entre les deux pouvoirs une ligne de démarcation telle que l'un ne pût jamais la franchir plus que l'autre; ou laisser aux tribunaux ordinaires toutes les matières litigieuses, quelle qu'en soit l'origine.

J'en appelle à la bonne foi de tous ceux qui me liront : y a-t-il possibilité de tirer cette ligne tellement nette que jamais il ne s'élève de difficulté pour savoir ce qui doit aller au delà ou rester en deçà de la ligne? Au physique même, cette ligne pourrait faire surgir des controverses; comment est-il possible d'admettre autrement qu'en théorie que des affaires litigieuses qui se rattachent à tant de causes, qui se produisent par tant de circonstances diverses, qui se lieront par quelques fils au contentieux administratif, qui s'en détacheront par plusieurs autres, ne feront pas naître continuellement des difficultés de classification?

Ce premier moyen n'est guère réalisable; il laissera, quoi qu'on fasse, subsister les luttes qu'on aura voulu apaiser; Dieu veuille qu'il n'en accroisse pas le nombre!

Cependant il pourrait être employé en convertissant en loi la majeure partie des dispositions de l'ordonnance de juin 1828, y ajoutant quelques autres qui préciseraient encore mieux les cas de rencontre des deux pouvoirs, plus, la disposition fondamentale suivante :

L'administration n'élèvera plus les conflits qui arrêtaient *ex abrupto* l'action judiciaire.

Elle proposera seulement son déclinatoire devant le tribunal saisi; le préfet adressera à cet effet son mémoire au procureur du roi, qui, dans toutes ces matières, deviendra partie principale, et plaidera pour l'administration; il y aura lieu à l'appel dans tous les cas : enfin l'administration pourra saisir la Cour de cassation, qui deviendra le juge suprême et définitif de la revendication.

Si la qualité judiciaire de la Cour de cassation devient contre elle une cause de récusation, on pourrait attacher à cette Cour une section de sept ou neuf membres, qui, plus particulièrement versés dans les matières administratives, deviendraient une autorité mixte et indépendante, à laquelle on pourrait ajouter celles qui se rattachent plus particulièrement à l'administration, comme enregistrement, domaine et autres analogues, jusqu'à complément de ce qui pourrait lui manquer pour fonctionner pleinement comme les autres Chambres.

La connaissance d'une seule et même justice reste pour l'autre alternative : elle est un moyen plus direct et plus sûr ; il sera toujours plus facile d'abattre entièrement les causes de la lutte, que de les régler ou de les contenir. Avoir pour toutes les matières judiciaires civiles ou administratives la même justice, les mêmes tribunaux, les mêmes magistrats, la même manière de procéder, est, quoi qu'on en dise, un mode simple et sans danger : renfermant les caractères d'une justice égale pour tous, il ne doit effaroucher personne, pas plus les membres ou représentants du pouvoir exécutif que ceux du pouvoir législatif : la charte s'exécute tout entière ; une justice d'exception, qu'elle n'avait nullement conservée, s'évanouit ; tout rentre dans le droit commun.

Dans l'ancien régime, même avec les parle-

ments , les anciens États ont toujours protesté contre la justice administrative , et réclamé la justice
ordinaire. Les hommes dont l'unique occupation est
de rendre la justice , de n'étudier et de n'appliquer
que les lois, seront partout préférés à ceux qui
ne la rendent que par intervalle , et qui peuvent
quitter les règles du droit étroit pour ce qu'on
appelait , sous l'empire, *l'intérêt général et la
raison d'état*, ainsi qu'en témoigne *M. Locré*,
en sa *Législation et jurisprudence française*,
t. Ier, p. 166.

En quittant les règles ordinaires de la justice ,
on se laisse égarer par les fausses lueurs de l'équité, et plus encore par l'intérêt général et la
raison d'état que chacun entend à sa façon et applique de même.

Pour repousser tous ces systèmes et la justice
exceptionnelle qu'ils tendent à maintenir , il suffirait d'en appeler à l'expérience qui en a été faite,
tant sous l'ancien régime que sous le nouveau. Il
ne manquerait pour la compléter que d'en faire la
contre-épreuve, en essayant de la juridiction même
que nous invoquons. Dans un régime comme le
nôtre , tous les essais peuvent être faits , et ici
l'objet en vaut bien la peine; il suffit qu'ils n'amènent pas l'effet qu'on veut obtenir pour qu'on le
cesse aussitôt : le pouvoir exécutif comme le
pouvoir législatif veillent toujours; le redressement sera bientôt obtenu.

Il n'est aucune des matières décidées administrativement jusqu'à ce jour, qui ne puisse être aussi bien jugée par les tribunaux que toutes celles qui leur sont dévolues : elles ne sont point d'ailleurs tellement nombreuses, qu'elles surchargeassent de beaucoup leurs rôles. On sait que les Conseils de préfecture sont très-peu occupés par elles ; lorsqu'elles seraient divisées entre les divers tribunaux d'arrondissement, elles ne formeraient pas pour chacun d'eux un accroissement de travail qui fût sensible.

Elles pourraient être expédiées comme urgentes, ou comme celles de la régie ou des douanes.

Elles seraient jugées avec soin sur rapports, mémoires et plaidoiries ; elles jouiraient, par l'appel, du deuxième degré de juridiction, et seraient à l'abri de la violation des lois par l'intervention tutélaire de la Cour de cassation, dont les arrêts établiraient bientôt pour l'administration contentieuse, comme pour le civil et le criminel, une jurisprudence uniforme pour tout le royaume.

Nous obéissons à une grande conviction quand nous demandons qu'on enlève au Conseil d'État l'attribut judiciaire qu'il a, et qu'on recule tant de lui reconnaître.

Le nom du roi n'a pu être placé dans des décisions d'intérêt privé que par imitation de ce qui se pratiquait dans l'ancien ordre de choses, auquel le régime impérial se rattachait par tant de points et de dénominations. Sous le consulat, le Conseil d'État rendait des avis et des arrêtés qui lui étaient propres ; le changement s'est opéré quand il a cessé d'être le Conseil de l'État pour devenir le Conseil d'État de l'empereur : la restauration s'est naturellement replacée dans cette double rainure. Quelque habitués que nous paraissions à voir figurer le roi dans les affaires contentieuses, nous ne nous lasserons pas de dire qu'il faut soigneusement l'en écarter : il est placé trop haut pour qu'on le fasse descendre dans des discussions individuelles. La monarchie constitutionnelle reste dans les sommités du pouvoir : la justice se rend en son nom, jamais par lui ; jamais il ne doit se trouver en face du plaideur et des passions qui l'agitent. Vainement des ministres diraient-ils qu'ils viennent en prendre la responsabilité : comment l'exercer pour un acte émané d'un corps existant sous les yeux et avec l'adhésion tacite des Chambres, acte qu'ils n'ont fait que signer ?

Laissons à chaque pouvoir ses fonctions et sa responsabilité : les tribunaux sont institués pour juger, les ministres pour agir et administrer, et le roi pour régner ou gouverner.

Le chevauchement, soit des ministres, soit du Conseil d'État, sur la Cour des comptes, est non moins dangereux : d'une part, ce sont des fonctionnaires amovibles qui viennent détruire les actes d'un grand corps inamovible ; d'autre part, ce corps est spécialement institué pour veiller à la juste perception des impôts et à leur emploi déterminé par le budget. Dès que la manutention en est confiée tant à eux qu'à leurs agents répandus sur toute la surface du royaume, même au dehors, lorsqu'ils y sont appelés pour un service public, il est indispensable qu'un corps indépendant exerce sur toutes les recettes, comme sur toutes les dépenses de l'État, un contrôle sévère.

Il appartient à la monarchie, vraiment constitutionnelle cette fois, que le pays s'est donnée, monarchie dont il faut bien se garder d'altérer la pureté dès son origine, de faire cesser des aberrations qui déplacent et dénaturent les pouvoirs fondamentaux de l'État.

Si le dessaisissement d'une partie aussi essentielle des attributs du Conseil d'État était opéré, ce qui lui reste n'étant plus digne d'un corps aussi haut placé, puisqu'il ne se borne qu'à des avis, et encore dans les cas où il lui en est demandé, serait facilement remplacé par les commissions consultatives que les ministres ont le droit de former dans l'intérieur de leurs départements, ou en composant des commissions spéciales avec les membres des Chambres, ou tels autres fonctionnaires ou notables qu'ils jugeraient à propos d'y appeler. Il n'est personne qui déclinât jamais l'honneur d'apporter le tribut de ses lumières et de son expérience aux agents de l'autorité royale qui croiraient devoir y recourir.

INSTRUCTION PUBLIQUE.

CONSEIL ROYAL.

CHAPITRE PREMIER.

Liberté de l'enseignement.

La question de l'enseignement public est vitale en tout pays, quelle que soit la forme de son gouvernement et de ses institutions; indépendamment de son effet actuel, elle se lie intimement aux destinées futures d'un peuple : la solution qu'elle recevra sera un thermomètre infaillible de son avenir.

L'Espagne et le Portugal, qui ont joué un si grand rôle, sont déchus de leur position au fur et à mesure que les sciences y ont été moins cultivées, et que le gouvernement, se laissant envahir par les corporations religieuses, leur a livré l'instruction publique.

La base essentielle, pour ne pas dire exclusive, de l'enseignement fait par le clergé était la soumission au pouvoir spirituel : cette maxime s'appliquant au gouvernement lui-même, plus celui-ci s'y soumettait, plus l'organisation théocratique prenait de consistance, et plus il y avait d'exclusions et d'anathèmes lancés contre les raisonneurs qui se permettaient de contredire un adage qu'on cherchait à mettre hors de toute contradiction.

Le trône des Stuarts paraissait affermi, lorsqu'il s'est écroulé sous les pieds d'un prince incapable qui, ne favorisant point les lumières de son siècle, et entreprenant de lutter contre son esprit, prétendit régner avec le sceptre de Rome, méconnaissant toute la force du sien et avilissant la royauté en la mettant sous la protection des prêtres; soumission funeste, car la royauté doit toujours être protectrice et jamais protégée.

L'Angleterre ne s'est véritablement élevée que quand elle a détaché son gouvernement de toute influence sacerdotale, et fait reconnaître la suprématie du pouvoir civil : propageant les doctrines qui tendent à l'amélioration de l'espèce humaine et à son bien-être matériel, elle a cherché à faire pénétrer dans toutes les classes les notions théoriques et pratiques du mécanisme social; elle s'est associé tous les gens éclairés : son gouvernement a cherché en eux son point d'appui, et a trouvé là sa force actuelle et progressive; il a, de cette manière, laissé la société se développer elle-même par tous les enseignements qu'elle a jugé à propos d'admettre. Marchant ainsi au grand jour, et avec la participation de tous les hommes instruits qui à chaque instant apparaissaient sur la scène, il eut une action bien autrement efficace et plus assurée que ses voisins.

Le siècle de Louis XIV marqua chez nous l'interversion de ce qui s'était pratiqué jusqu'alors. Nos écrivains élevèrent par leurs ouvrages une grande école où chacun vint puiser et apprendre la délimitation du pouvoir civil et du pouvoir spirituel ; les peuples sentirent qu'en se créant un droit propre, ils ne sont pas plus faits pour les gouvernants que pour le petit nombre de préférés qui s'échelonnent autour d'eux : 1789 vint ensuite proclamer la liberté civile et religieuse et la liberté de l'enseignement ; 1830 a ressaisi cette dernière conquête que l'empire nous avait furtivement dérobée : malheureusement nous ne sommes encore en possession que du droit.

Le retard semble venir de ce que les gouvernements ont une tendance presque irrésistible à se constituer un intérêt propre, au lieu de l'identifier avec celui du peuple, dans le cœur et dans les besoins duquel ils devraient toujours le placer pour le rendre plus durable.

La division opère ainsi la classe des gouvernants et la masse des gouvernés. Les premiers sont aussi confiants en eux, et dans les professeurs qu'ils ont choisis, qu'ils le sont peu dans les citoyens qu'ils n'ont point investis de pouvoir, à qui par conséquent ils ne pourraient retirer celui qu'ils ne tiennent que de la confiance publique.

Quel rapport cependant, dans un pays où tous les pouvoirs sont distincts, entre la mission d'exécuter les lois et l'enseignement à donner à tous les citoyens? Autant on le conçoit dans un gouvernement absolu, qui n'a d'autre élément de vie que la soumission la plus entière à ses volontés, autant il est inadmissible lorsque le pays participe à la direction ou à la gestion des affaires publiques.

Le gouvernement enseignera-t-il mieux par les personnes qu'il préposera que celles qui, cherchant dans cette occupation l'illustration de leur pays, le bonheur des familles, s'y constituent en même temps leurs moyens d'existence et de prospérité? De telles bases ne seraient-elles pas aussi rassurantes que celles qu'on adopte aujourd'hui?

On conçoit que l'État veuille avoir des établissements *modèles*, des professeurs qu'il dirige; mais alors pourquoi interdire au public d'en choisir d'autres qu'il jugera meilleurs, auxquels il s'attachera avec d'autant moins de danger, que le discernement des pères de famille, dont la sollicitude est toujours si vive en pareille matière, déterminera la préférence?

L'Angleterre, que si peu de personnes peuvent comprendre, les unes parce que la voyant rouler depuis des siècles dans une infinité de pratiques peu raisonnables; les autres, parce que nous

ayant devancés dans le gouvernement constitutionnel, elles sont disposées par là à nous l'offrir
comme exemple, cette Angleterre ne peut s'expliquer que sous les deux faces distinctes qui lui
sont propres.

En expulsant les Stuarts, elle s'est bornée à se
prémunir contre leur retour et contre les abus
qui la blessaient : obtenant immédiatement ce
qui la satisfaisait, elle n'a pas eu besoin de renverser de fond en comble, en se livrant sans nécessité à une révolution complète et radicale.

Après avoir transmis le pouvoir aux communes
et à la Chambre qui les représentait, elle a laissé
subsister celui de la Chambre des pairs : elle s'est
bornée dès lors à proclamer la liberté de la presse,
la liberté des cultes, la liberté individuelle,
qu'elle a placée sous l'égide des jurés ; elle n'a pas
manqué d'y ajouter la liberté de l'enseignement :
tout le reste, sa législation, ses usages ont été
maintenus.

Nous renfermant dans ce dernier point, nous
voyons que des universités se sont insensiblement
formées par elles-mêmes ; celles d'Oxford et de
Cambridge sont les seules qui, comme corporations, existent aujourd'hui.

On voit bien que sous les auspices d'Édouard Iᵉʳ,
appelé le *Justinien anglais*, il s'était établi une
société de gens qui, s'appliquant uniquement à
l'étude des lois, avait formé une espèce d'ordre
collégial. Mais se voyant exclue d'Oxford et de Cam-

bridge, elle crut devoir se constituer en corps d'université particulière, où les degrés étaient conférés. La couronne vint prendre sous sa protection ce séminaire naissant : mais malgré la défense qu'elle fit au lord maire et aux schérifs de Londres d'établir dans la Cité aucun régent ni école pour enseigner les lois; malgré l'intention manifestée de rassembler par là tous ceux qui se vouaient à l'étude des lois, cette nouvelle université ne put se soutenir.

La raison qu'en donne *Blackstone* est que toute espèce de régime et de *surintendance*, tant sur ce qui concerne les *études* que les mœurs, est regardée comme impraticable, et que les personnes de naissance et de fortune, après avoir fini leurs études dans les universités, ont rarement assez de résolution pour s'appliquer à un nouveau système d'instruction dans un autre collège institué pour cet effet; en sorte qu'on n'y voit que les élèves à qui la connaissance de la pratique est absolument nécessaire.

L'enseignement, en Angleterre, jouit de la liberté la plus absolue.

C'est probablement à cette cause qu'il faut attribuer la supériorité de ses connaissances positives et industrielles. L'enseignement particulier se garde bien d'embrasser ces études spéculatives, toujours lentes et sans résultat positif; il se fortifie et se propage sur les points qui entrent dans les goûts autant que dans les besoins du pays.

En France, où il est impossible de ne pas reconnaître que, depuis longtemps, les divers gouvernements qui se sont succédé ont laissé apercevoir une non-conformité d'intérêt avec ceux
du pays, n'est-il pas à craindre que l'enseignement dirigé selon les vues de l'un n'entre pas
également dans les vues de l'autre ? La liberté
d'enseignement est la seule base à prendre pour
n'attaquer aucune croyance. Seulement, soit que
le gouvernement en conserve pour lui, soit que,
comme en Angleterre, il s'en dessaisisse entièrement, il aura et doit avoir une surveillance
continue sur tous les établissements d'instruction.
Bien qu'il n'y ait pas à craindre dans un pays
comme le nôtre que ces établissements se perver-
tissent et bouleversent les fondements de notre
ordre social, il suffit que quelques institutions
particulières puissent dépasser les bornes, pour
que le gouvernement doive avoir les moyens de
les faire respecter. S'il conserve quelques établissements, ce ne doit être que pour stimuler la
concurrence et le zèle particulier. Dans un pays
aussi éclairé que la France, l'enseignement privé
pourrait ne pas répondre à tous les besoins : l'État
alors suppléera à cette insuffisance avec ses grands
établissements. S'il craint que les colléges com-
munaux ne produisent pas des professeurs assez
distingués, un enseignement assez complet, il
ne peut sans injustice blâmer la crainte réciproque des particuliers, et leur interdire une

concurrence qui ne peut que tourner à l'avantage de tous, puisqu'elle a pour effet immédiat d'exciter les deux ordres de professeurs à se surpasser mutuellement, et à laisser choisir ceux qui seront jugés les meilleurs.

La liberté d'enseignement est le seul moyen de sortir de l'ornière où nos méthodes roulent depuis des siècles avec le grec et le latin; elle amènera nécessairement au grand jour les véritables connaissances utiles; elle forcera les améliorations au lieu d'entasser des masses indigestes et informes de savoir sans application.

Le monopole exclusif que s'était arrogé notre ancien gouvernement, que l'empire, dans la vue d'infiltrer partout ses volontés, que la restauration, par un égoïsme à peu près semblable, avaient continué, était une offense trop directe à la raison publique et à la liberté qu'a toute nation dont la souveraineté est reconnue, de se créer ses doctrines, au lieu de les recevoir toutes faites, pour qu'une pareille entreprise ne succombât pas sous les premiers *coups* de juillet. Aussi la Charte de 1830 proclama-t-elle aussitôt la liberté de l'enseignement.

En 1838, nous sommes encore au même point qu'alors que la proclamation a été faite, sous le poids d'une législation incohérente qui jette le corps enseignant dans une perturbation tellement incontestable, que le ministre y est placé lui-même en présence de l'autorité fonctionnant encore aujourd'hui sous le titre de *Conseil royal*.

Nous allons voir cette autorité instituée comme Conseil universitaire auprès d'un grand-maître ; puis, après une série de transformations accidentelles, amener les choses au point que le ministre se trouve superposé et peut disparaître sans inconvénient ; comme, de son côté, si le Conseil s'évanouissait, le ministre, comme dans tous les autres départements , s'emparerait de l'administration, qui ne peut être plus longtemps exercée cumulativement par deux pouvoirs égaux qui , en se heurtant , ne peuvent que nuire a l'action administrative.

CHAPITRE II.

Conseil royal.

Ce qu'on a l'habitude d'appeler la législation qui régit aujourd'hui l'instruction publique se trouve dans un simple décret impérial qui, d'une manière implicite, est venu renverser ce que les lois les plus authentiques avaient fondé, et rétablir le monopole universitaire de l'ancien régime.

Aussi la restauration, heureuse de trouver rebâti l'édifice de ses plus vieux ancêtres, s'est bien gardée d'y toucher; seulement, n'y retouchant qu'en vue des personnes qu'elle voulait favoriser, et qui provoquaient des modifications, elle a amassé sur un système déjà informe des inconciliabilités telles, qu'il faut le grand besoin de la chose pour qu'elle puisse encore fonctionner.

Comment expliquer qu'à la place d'un grand-maître et d'un Conseil qui lui était adjoint par l'administration, on ait échafaudé d'abord une commission d'instruction, puis rétabli un grand-maître, puis supprimé ce grand-maître et institué un Conseil royal, réunissant les attributions du grand-maître et de son Conseil ; puis, encore, supposant l'existence de ce grand-maître, qu'on lui ait substitué un ministre, d'abord sans portefeuille, et bientôt après avec tous ses attributs : de telle sorte qu'un ministre qui, premier agent du pouvoir exécutif, a et doit avoir plus de puissance qu'un grand-maître, se trouve non-seulement en présence d'un Conseil consultatif comme l'avait le grand-maître, mais en face d'un Conseil royal qui, prétendant remplacer la commission et le Conseil, alors que ces deux combinaisons absorbaient tous les pouvoirs, se tient à l'égal du ministre quand il consent à ne pas le dominer ?

Aujourd'hui, c'est donc un pouvoir partagé qui, fréquemment, doit amener conflit d'autorité : quoique nous n'ayons plus de grand-maître, nous l'avons cependant dans la personne du ministre, et, néanmoins, quoiqu'il réunisse les deux qualités, il a moins de pouvoir qu'un grand-maître, qui ne pouvait être barré que par son Conseil universitaire ; comme ministre, il n'en aura aucun, ou n'en aura qu'un contesté. Pareille incohérence ne peut subsister plus longtemps.

On se demande ce que c'est qu'un Conseil qui veut administrer, quand le roi a nommé un ministre *uniquement* pour administrer?

Où ce Conseil se place-t-il ?

Est-ce au-dessus, au-dessous ou à côté du ministre ?

Si c'est au-dessus, un ministre, premier agent du roi, ne devient plus qu'un agent secondaire qui ne peut plus répondre des actes de son supérieur, même dans le cas où il les aurait approuvés, par la raison que la responsabilité n'a et ne peut avoir sa base sur une approbation donnée à un acte émané de l'autorité qui avait qualité pour le rendre : d'ailleurs, ce droit d'approuver ne saurait exister sans celui d'improuver ; autrement, il ne serait qu'un enregistreur obligé, sur lequel ne pourrait alors reposer aucune responsabilité ; s'il a son *veto*, il tombe en contradiction avec la supposition que le Conseil est au-dessus du ministre.

Se place-t-il au-dessous, alors il devient un rouage secondaire qui n'est pas plus nécessaire dans ce ministère que dans tous les autres : il l'est sûrement moins, parce que ce département est moins chargé que tout autre, et que les éléments qui le composent, n'ayant aucune part à la puissance exécutive, ne participant point à son autorité, n'ont que la mission de l'enseignement, essentiellement différente de l'administration publique, qui ne peut s'exercer qu'en communiquant une partie de ses pouvoirs aux agents qu'elle met en œuvre.

Se place-t-il à côté, c'est alors une autorité rivale ; en cas de dissidence, comment la faire cesser ? Il n'y aurait pas même lieu d'appliquer la maxime impériale : *plusieurs pour délibérer, un seul pour exécuter ;* l'administration, dans ce ministère, se bornant à une simple surveillance , il n'y aurait presque jamais lieu d'en faire l'application.

Jusqu'à présent le ministre comme le Conseil ayant vu plusieurs fois les diverses commissions du budget contester la nécessité , même l'utilité de l'un et de l'autre , se sont réciproquement appuyés l'un sur l'autre pour parer à leur chute.

Il paraît que le silence gardé depuis deux ou trois ans leur a rendu un peu plus de confiance ; les causes de dissentiment se sont assez produites pour que, la liberté d'enseignement mise en action, il ne soit plus possible de douter de la superféta-tion de l'un ou de l'autre.

Là où il y a un système général d'enseigne-ment, qu'on pourrait au fond ne pas plus limiter que la presse, qui est elle-même un enseigne-ment public, on conçoit un chef supérieur, grand-maître ou ministre, peu importe le nom : on doit cependant préférer ce dernier , parce qu'il est ré-gulièrement responsable devant les Chambres.

Mais un Conseil royal , nul ne peut l'expliquer : là où on l'aperçoit, c'est comme superfluité, ou c'est pour gêner le mouvement régulier des autres parties. Ceux de ses membres qui sortent ou ap-partiennent à l'enseignement peuvent, en y ren-trant, rendre de bien plus utiles services qu'en combattant ou en traînant un ministre à leur suite.

Une preuve évidente du vice inhérent à ce qui

est, c'est qu'il n'y a pas de partie qui ait plus besoin d'être retouchée, et où il ait été moins fait : cependant, si plus de ministres, et même de jeunes ministres, se sont succédé dans ce département plus que dans tout autre, et qu'aucun d'eux n'ait rien tenté (nous exceptons toutefois la loi sur l'enseignement secondaire, présentée par M. Guizot), n'est-on pas fondé à conclure qu'il y a là un bloc qu'on ne peut ébrécher, si l'on ne commence par faire disparaître le Conseil comme faisant obstacle à tout ?

Avec la liberté des cultes, un ministre des cultes n'a pu se soutenir ; comment, avec la liberté de l'instruction, avoir un ministre de l'instruction, plus un Conseil au-dessus ou à côté ?

La plupart des attributions de ce Conseil n'ont jamais appartenu à l'ancien Conseil impérial ; elles ne dérivent que de ses propres actes, lorsqu'il agissait comme commission ou comme Conseil souverain ; il ne peut les conserver après le rétablissement d'un grand-maître ou d'un ministre.

L'incohérence d'un ensemble qui se compose d'additions hétérogènes apparaîtra d'une manière plus sensible par le simple exposé du vice originaire de la législation sur laquelle est venu s'élever l'échafaudage actuel.

Une loi du 10 mai 1806 porte :

Article 1er. « Il sera formé, sous le nom d'*Université Impériale*, un corps chargé exclusivement de l'enseignement et de l'éducation publique dans tout l'empire. »

Art. 2. « Les membres du corps enseignant contracteront des obligations civiles, spéciales et temporaires. »

Art. 3. « L'organisation du corps enseignant sera présentée en forme de loi au corps législatif à la session de 1810. »

Qui eût pu s'attendre que l'obligation aussi formellement prise pour ce dernier article ne serait qu'un leurre? Un décret en 144 articles vint, sous la date du 17 mars 1808, remplacer cette loi. De cette manière, tout le système universitaire repose sur une base illégale, à tel point qu'une simple ordonnance, en le renversant, n'eût point été irrégulière, puisqu'elle eût fait cesser une contradiction formelle à la loi.

Si l'on disait que ce décret, tout inconstitutionnel qu'il était, a reçu sa force de l'approbation tacite du Sénat, qui ne l'a point relevé, on répondrait en demandant ce que le Sénat a relevé. Malgré les nombreuses violations qui se commettaient journellement sous ses yeux pendant qu'il était chargé de veiller à la conservation de la constitution, n'a-t-il pas, au contraire, pris l'initiative en plusieurs circonstances pour détruire? Les sénatus-consultes dits organiques n'étaient-ils pas la destruction de la loi constitutionnelle? Sans examiner cette question, reconnaissons au moins que l'art. 69 de la charte de 1830, en proclamant la liberté de l'enseignement, a virtuellement par là proscrit le monopole universitaire, aussi bien au moins que les articles sur la liberté individuelle ont aboli les décrets non attaqués qui avaient rouvert des prisons d'état.

En tout cas, le Conseil établi par le décret de 1808 ne ressemble en rien à celui d'aujourd'hui, qui n'a cependant pas d'autre base.

Les fonctions administratives qu'il veut remplir n'étaient que partagées en quelques points avec un grand-maître ; elles deviennent impossibles avec un ministre qui n'est institué que pour administrer.

Quant aux fonctions judiciaires qu'il s'est amplement dévolues, elles ne peuvent lui appartenir sans les conditions auxquelles le décret les avait attachées.

Le grand-maître, résumant dans sa main tous les pouvoirs, avait près de lui un chancelier chargé des archives et du sceau, un trésorier pour les recettes et les dépenses, puis un Conseil privé composé de dix membres à vie, et de vingt pris annuellement dans le corps enseignant : ce Conseil donnait son avis au grand-maître sur les affaires qu'il lui renvoyait ; il entendait les rapports des inspecteurs, arrêtait les budgets des écoles et examinait les ouvrages proposés pour l'enseignement.

Le premier acte de la restauration fut une ordonnance du 9 avril 1814, qui autorise M. de

Fontanes, grand-maître de l'université, à continuer ses fonctions.

Une deuxième, du 22 juin suivant, maintient provisoirement les règlements actuels de l'université.

Celle du 17 février 1815 avait pour but une grande et solide organisation ; ses motifs sont précieux à recueillir de la bouche d'un gouvernement.

« Nous étant fait rendre compte de l'état de
« l'instruction dans notre royaume, nous avons
« reconnu qu'elle reposait sur des institutions
« destinées à servir les vues politiques du gouver-
« nement dont elles furent l'ouvrage, plutôt qu'à
« répandre sur nos sujets les bienfaits d'une édu-
« cation morale et conforme aux besoins du siè-
« cle....; nous avons senti la nécessité de corri-
« ger ces institutions, et de rappeler l'éducation
« nationale à son véritable objet, qui est.....

« Nous avons mûrement examiné ces institu-
« tions ; il nous a paru que le régime d'une auto-
« rité unique et absolue était incompatible avec
« nos institutions paternelles et avec l'esprit libé-
« ral de notre gouvernement ;

« Que cette autorité, essentiellement compo-
« sée de la direction de l'ensemble, était en quel-
« que sorte condamnée à ignorer ou à négliger
« ces détails et cette surveillance journalière qui
« ne peuvent être confiés qu'à des autorités locales
« mieux informées des besoins et plus directement

« intéressées à la prospérité des établissements
« placés sous leurs yeux ;

« Que le droit de nommer à toutes les places,
« concentré dans les mains d'un seul homme, en
« laissant trop de chances à l'erreur et trop d'in-
« fluence à la faveur, affaiblissait le ressort de
« l'émulation, et réduisait aussi les maîtres à
« une dépendance mal assortie à l'honneur
« de leur état et à l'importance de leurs fonc-
« tions ;

« Que cette dépendance et les déplacements
« trop fréquents qui en sont la suite inévitable,
« rendaient l'état des maîtres incertain et pré-
« caire, nuisaient à la considération dont ils ont
« besoin de jouir pour se livrer avec zèle à leurs
« pénibles travaux, ne permettaient pas qu'il
« s'établît entre eux et les parents de leurs élèves
« cette confiance qui est le fruit de longs services
« et des anciennes habitudes, et les privaient
« ainsi de la plus douce récompense qu'ils pus-
« sent obtenir, le respect et l'affection des con-
« trées auxquelles ils ont consacré leurs talents et
« leur vie ;

« Enfin, que la taxe du vingtième des frais
« d'étude, levée sur tous les élèves des lycées,
« colléges et pensions, et appliquée à des dé-
« penses dont ceux qui la paient ne retirent pas
« un avantage immédiat, et qui peuvent être
« considérablement réduites, contrariait notre
« désir de favoriser les bonnes études, et de ré-

« pandre le bienfait de l'instruction dans toutes
« les classes de nos sujets ;

« Voulant nous· mettre en état de proposer le
« plus tôt possible aux deux Chambres les lois
« qui doivent fonder le système de l'instruction pu-
« blique en France, et pourvoir aux dépenses qu'il
« exigera, nous avons résolu d'ordonner provi-
« soirement les réformes les plus propres à nous
« faire acquérir l'expérience et les lumières dont
« nous avons encore besoin pour atteindre ce but,
« et en remplacement de la taxe du vingtième des
« frais d'études, dont nous ne voulons pas diffé-
« rer plus longtemps l'abolition, il nous a plu
« d'affecter sur notre liste civile la somme d'un
« million, qui sera employée pendant la présente
« année 1815 au service de l'instruction pu-
« blique dans notre royaume. »

Hommage soit ici rendu à l'auteur de ·ces
paroles !

Pourquoi faut-il donc que des raisons aussi
concluantes n'aient rien produit ? Malheureusement les événements qui ne tardèrent pas à arriver empêchèrent la réalisation du bien projeté.
Si cette ordonnance, au lieu de rester sur le pa-
pier, avait été suivie de quelques autres de la
même nature, que le pays eût pu connaître et
apprécier, le gouvernement y eût trouvé la force
qui lui manqua un mois plus tard. C'est avec de
telles armes qu'il eût repoussé la sédition, triomphé des factions, et bravé l'étranger, s'il eût été

assez téméraire pour menacer un peuple et un gouvernement unis par les bienfaits et la gratitude. Quoique ce million donné alors ne diminuàt en rien les moyens de satisfaire toutes les jouissances royales, il n'en était pas moins manifestatif de droites intentions, il n'en était pas moins un larcin fait à cette nuée d'hommes de cour pour qui une liste civile de trente-deux millions était véritablement faite.

Le langage royal, dans un point aussi vital que l'instruction publique, n'en conserve pas moins une grande autorité; il appartient au gouvernement de Louis-Philippe de réaliser les hautes vues de son prédécesseur, et d'abattre enfin cet édifice monstrueux qui, alors même que l'article 69 de la charte ne l'eût pas ainsi ordonné, ne pourrait subsister sans mettre notre gouvernement de juillet en mensonge.

Peu après reparut sur la scène du monde, pour le désoler encore, l'homme qui, malgré le grand besoin qu'il avait de toutes les forces nationales, ne craignit point de rétablir, par décret du 30 mars, tout son échafaudage universitaire, et de supprimer nominativement l'ordonnance ci-dessus du 17 février; un autre décret du même jour nomma grand-maître, chancelier, trésorier, conseillers titulaires, ordinaires.

Le 15 août suivant, ordonnance qui attribue les pouvoirs du grand-maître, du Conseil, du chancelier, du trésorier, à une commission de l'instruction publique, composée de cinq membres, laquelle exercera ses pouvoirs sous l'autorité du ministre de l'intérieur.

Cette ordonnance, essentiellement provisoire, puisque, d'après ses motifs, elle n'avait pour but que de surseoir à toute innovation importante dans le régime de l'instruction, jusqu'au moment où des circonstances plus heureuses permettraient d'établir par une loi les bases d'un système définitif, n'en subsista pas moins jusqu'au 1er novembre 1820, époque à laquelle une ordonnance transforma la commission de cinq membres en un Conseil royal de sept, dont chacun eut une attribution spéciale.

Peu de temps après, malgré la limitation, un huitième membre est nommé *honoraire*, mais avec voix *délibérative;* introduit ainsi sans frais dans la place, ses nouveaux collègues lui accordent bientôt un traitement à prendre, sous le titre d'*indemnité annuelle*, sur les fonds d'une faculté qui lui payait déjà 18,000 fr. Peu après, un neuvième membre est nommé, cette fois sans déguiser son traitement. Il n'y avait plus de raison pour que le nombre s'arrêtât dès que la limite posée était franchie.

Le Conseil, qui n'avait pas d'attributions déterminées, s'empara modestement de toutes celles que la commission qui l'avait précédé s'était départies; il fait plus, il y ajoute tous les pouvoirs universitaires ayant appartenu au grand-maître et à son

Conseil : ainsi cumulés dans la même main, ils sont souvent inconciliables. Il fait cesser la collision en commandant comme grand-maître et en exécutant ou administrant comme Conseil. Croirait-on cependant qu'il a, même aujourd'hui, assure-t-on, la prétention à l'inamovibilité, sans doute parce que, dans le Conseil universitaire, de trente il y en avait dix à vie? Il ne remplit aucune des conditions attachées à cette inamovibilité de dix; n'importe; il peut bien avoir cette prétention, puisqu'il ne recule pas devant celle d'exercer les pouvoirs du grand-maître en présence d'un ministre qui, d'après le texte même de sa création, a tous ceux qui étaient dévolus au grand-maître.

Durant son règne de *Commission*, puis de *Conseil royal* jusqu'à rétablissement d'un ministre, il ne s'est rien épargné pour ses besoins, même pour ses désirs; c'est à tel point qu'il est arrivé à se constituer en gouvernement, avec pouvoir législatif, exécutif et judiciaire.

CHAPITRE III.

Attributions judiciaires du Conseil.

Le pouvoir judiciaire, introduit d'abord sous le nom protecteur de *disciplinaire*, ayant dépassé toute mesure, nous lui devons un examen particulier.

La charte de 1814, proscrivant toute justice d'exception, laissant à chacun ses juges naturels, abrogeait implicitement cette justice ténébreuse qui, sous la bénigne qualification de justice disciplinaire, pouvait aller jusqu'à la révocation ou la destitution, même plus loin que les tribunaux correctionnels, puisqu'elle pouvait déclarer incapable de tout emploi public, et cumuler encore sa justice avec celle des tribunaux criminels.

Cette juridiction, qu'un simple décret avait furtivement conférée au Conseil universitaire, mais avec quelques contre-poids qui n'existent plus, ne pouvait atteindre, en tout cas, que les faits passés dans l'enseignement ; les professeurs de facultés, qui étaient institués à vie, devaient être hors de cette juridiction. Le Conseil royal, ne se voyant plus de cercle tracé, l'a étendu à tous les actes politiques et privés et à tous les professeurs sans exception. Ce pouvoir excessif est évidemment inconciliable avec les art. 48, 49, 53, 54 et 55 de notre charte.

Les membres du Conseil ne sont point inamovibles.

Leurs jugements ne sont pas rendus au nom du roi.

L'instruction et les débats sont secrets.

Vainement dit-on que le Conseil est, pour les membres de l'université, un tribunal ordinaire, comme les conseils de guerre pour les militaires; que le droit de juger découle de ce pouvoir disciplinaire qui a toujours été admis par les corps sur les individus qui les composent.

Mais ce pouvoir prenant son origine dans l'organisation universitaire, il est impossible d'accorder à six ou sept membres qui forment actuellement le Conseil, le pouvoir qui n'était exercé que par trente, dont dix à vie, et vingt autres qui pouvaient aussi avoir l'institution à vie et qui étaient pris tous les ans parmi les pairs de ceux qu'ils avaient à juger.

Quelle est donc la disposition légale qui organise un tel tribunal? Les conseils de guerre forment-ils une justice tellement sûre qu'il faille, même par analogie, la passer dans l'instruction publique?

L'autre face de la question entraînerait l'examen

du point de savoir si ce pouvoir disciplinaire, accordé aux corps, n'entraîne pas avec lui plus d'abus que d'avantages ; si, surtout, il est conciliable avec l'ordre légal et constitutionnel, que nous n'avions assurément pas alors qu'il a été établi ; quelles seraient, en tout cas, les limites qu'il devrait avoir, si, au pouvoir d'admonester, de censurer, il convient d'ajouter celui de destituer.

On conçoit que le jugement soit porté par les pairs mêmes de celui qu'ils jugent ; mais dans le Conseil, il y a des membres qui n'ont jamais appartenu à l'enseignement. L'université n'est pas un corps, elle est plutôt la dénomination donnée à plusieurs corporations distinctes : des établissements de hautes études, comme le collége de France, les cours attachés à la Bibliothèque royale, au Jardin des Plantes, sont en dehors de l'université et peu tentés d'en faire partie. Le pouvoir disciplinaire devrait donc être exercé par les facultés ou les colléges, suivant que le prévenu appartiendrait aux unes ou aux autres, mais jamais par le Conseil royal seul, surtout quand, détourné de son origine, il peut être composé d'individus étrangers à l'instruction publique. Est-ce bien une mesure disciplinaire que la destitution ou l'incapacité absolue d'entrer dans aucune administration publique ? Il y a là abus de mots ; les mauvaises choses, les mauvais desseins n'ont jamais manqué de paroles pour être présentés comme un bien : c'est au fond, plutôt qu'à la qualification, que l'on s'attache, après toutes les tromperies qu'on nous a faites. Quelle que soit la peine, la prononcer, c'est exercer un pouvoir judiciaire. Comment donc un corps aurait-il un pouvoir que nos lois n'accordent pas même aux magistrats, puisqu'il est réservé aux jurés seuls.

Les raisons à ajouter contre ce pouvoir, judiciaire, déguisé sous le mot disciplinaire, se présenteraient en foule sur le fond même de la question. Nous ne sommes plus sous le système mensonger de l'empire : il formait alors un tout homogène qui, renversé dans quelques points, ne peut plus se soutenir dans les autres. La charte a fait un droit public nouveau et arraché ces justices exceptionnelles des lieux clandestins où elles avaient été placées ; le Conseil royal n'a jamais été ni pu être le successeur du Conseil impérial, qui avait une inamovibilité et par là une indépendance qui lui était propre.

La démonstration que le Conseil n'a plus aujourd'hui le pouvoir de juger a été faite dans les défenses de M. Dubois, député de la Loire-Inférieure, lors de l'entreprise que le Conseil royal a tentée à son égard en 1830. L'illégalité ne disparaîtra qu'avec le Conseil lui-même ; c'est un sacrifice que le gouvernement doit faire pour reconquérir un pouvoir qui lui est échappé, et pour rassurer le corps enseignant sur lequel ce pouvoir arbitraire a trop longtemps pesé.

Cette juridiction clandestine, basée sur l'arbitraire dont elle s'est entourée d'autant plus aisément qu'elle s'est formée de ce qui avait appartenu à un régime éteint et renouvelé, puis à un autre régime qui ne ressemblait presque en rien à celui qui l'avait précédé, n'avait d'autre règle que le temps et la politique des membres qui la composaient. Aussi, cette formation était si peu solide que, même sous la restauration, elle eût inévitablement été renversée dans la première lutte où une résistance de la nature de celle que présenta M. Dubois, et qu'avait préparée M. Bavoux, contre un abus du pouvoir de ce Conseil, se fût renouvelée.

A la révolution de juillet, chacun pensa que ce Conseil royal était anéanti de droit : les ministres qui furent appelés à l'instruction publique ne le maintinrent que pour se donner le temps d'examen, et pour ne pas devancer la loi organique de la liberté d'enseignement. Mais tel a été le mouvement imprimé à notre révolution, que réclamer aujourd'hui l'abolition du Conseil et de la justice subreptice qu'il s'est attribuée, c'est presque faire un acte d'opposition, quoique, cependant, ce soit chercher à délivrer le gouvernement d'un embarras qui affaiblit son action.

Il est d'autant plus urgent de faire cesser ce désordre, que d'un jour à l'autre il peut amener les collisions les plus dangereuses. Depuis notre révolution, les pouvoirs usurpés du Conseil royal ont été méconnus; les études des colléges et des facultés ont été rompues. De pareilles luttes peuvent se reproduire; elles seront d'autant plus fâcheuses, que ce ne serait plus avec la force matérielle qu'on pourrait les terminer : l'institution attaquée n'ayant point la légalité, l'autorité publique serait obligée de céder; d'autre côté, le corps enseignant, qui a besoin de tant de tranquillité pour ses travaux, la verrait compromise dans cette attaque.

Les agitations qui se sont manifestées à l'École de Droit pour le cours nouveau de M. Rossi prenaient source dans l'illégalité de sa nomination ; le Conseil royal a sagement évité la discussion en saisissant le prétexte d'une information qui n'a donné qu'un résultat partiel sans effet sur la question générale : le bon esprit des étudiants, le talent du professeur, ont fait le reste.

A la première collision, que fera le Conseil, comment agira le ministre ? Si le premier intervient, n'est-il pas à craindre qu'au lieu d'apaiser, il n'irrite ? Les tribunaux qui, en résultat, seront appelés, puisque seuls ils ont un droit incontestable, pourront-ils donner force à des décisions ou à des règlements qui n'auront aucun appui légal ? Les hommes qui disposeront de la force publique doivent avoir un pouvoir bien déterminé pour qu'ils obtiennent obéissance et respect; autrement, ils s'exposent à le voir contesté ou méconnu. Autant on doit de respect aux organes de la loi, autant un bon citoyen doit de résistance à ce qui n'est pas elle ; et la charte , loin de fonder ou maintenir un Conseil royal avec juridiction, le repousse.

L'art. 62 veut que nul ne puisse être distrait de ses juges naturels.

L'art. 63 prohibe toutes commissions et tribunaux extraordinaires.

L'art. 64, prescrivant les débats publics, exclut la juridiction qui juge clandestinement.

Les art. 59, 60, 61 et 65, énumèrent tout ce qui est conservé ; une commission universitaire pour juger, n'y étant point comprise, ne peut se maintenir.

Il faut que le Conseil soit bien dénué d'appui pour croire en trouver un dans l'art. 68.

Cet article n'a aucun rapport avec les institutions : comment lui faire dire qu'en conservant le Code civil et les lois existantes, il y a compris le Conseil de l'université? Si cela est pour les lois qui régissent les droits, il n'en peut être de même pour la juridiction qui se trouve définitivement détruite par les articles précédents. C'est encore moins soutenable avec l'université, qui n'est qu'une subreption impériale : la loi du 10 mai 1806 disant que l'organisation de l'université sera présentée par une loi à la session de 1810, et cette loi n'ayant jamais été présentée, il n'y aurait, à proprement parler, rien à maintenir qu'un abus.

Ainsi, la charte, amenant l'ordre régulier, n'a jamais entendu légaliser une juridiction irrégulière, avec laquelle, d'ailleurs ,.elle ne pourrait concorder. La signature ministérielle, apposée à une ordonnance, n'a pu faire ce que la charte, ce que les lois n'ont ni fait ni voulu faire. Du moment où les obstacles se présentent, elle ne peut plus les franchir : peut-on bien invoquer le silence du sénat qui, chargé de la conservation des lois et de la constitution, était précisément le corps dont se servait le gouvernement pour les détruire ?

La juridiction, envisagée seulement comme disciplinaire, ne peut se concilier avec la justice ordinaire. Est-il possible d'admettre qu'après une condamnation par les tribunaux, le Conseil royal vienne encore en additionner une ? Les tribunaux approuveront telle ·doctrine, le Conseil la proscrira.

Cette collision est-elle admissible?

Une autre impossibilité résulte du décret organique lui-même.

L'art. 49 porte : « Les rapports entre les peines et « les contraventions aux devoirs, ainsi que la gra- « duation de ces peines d'après les différents em- « plois, seront établis par des statuts. »

L'art. 79 ajoute que le Conseil ne pourra infliger les peines que d'après l'instruction et l'examen des délits qui emporteront la condamnation à ces peines.

Donc il devait y avoir des formes d'instruction, une classification de délits, surtout une mise en rapport des délits avec les peines, dans la vue de ne pas laisser au Conseil la latitude indéfinie de la qualification du délit, ni de la peine à lui appliquer. Ce futur réglementaire n'ayant point été établi, la législation est restée informe et hors d'état de fonctionner.

Le Conseil royal juge tant en premier qu'en dernier ressort, ce qui viole les deux degrés du droit commun. Les Cours royales ont de plus le contrôle de la Cour de cassation ; les Conseils de préfecture, le recours au Conseil d'État ; les Conseils de discipline de la garde nationale ont même les Conseils de révision.

Dira-t-on, avec le Conseil, que sa juridiction, fondée sur les décrets, a pu être modifiée par des ordonnances ?

Nous entendons bien ce qu'il se dit à lui-même, mais il ne répondrait par là qu'à l'assimilation des ordonnances aux décrets et non au passage sous l'État actuel. Ce n'est pas assez qu'il dise : Je suis légal, parce que je l'ai jugé ainsi ; il faut contre lui une autre autorité que lui-même. S'il invoque les décrets, il ne suffit pas de les prendre dans les avantages qu'ils donnent aux juges, il faut se soumettre aux conditions qu'ils imposent.

Ces conditions se trouvent dans les art. 46, 47, 70, 72, du décret de 1808, 66 de celui de novembre 1811 ; le Conseil, en s'appuyant sur les décrets, ne peut refuser les dispositions préservatrices qu'ils renferment. Si ceux-là qui ont longtemps appartenu à l'enseignement sont appelés à juger leurs pairs, parce qu'ils sont plus à même d'apprécier les faits et les circonstances, il ne reste qu'à vérifier si tous les membres du Conseil satisfont à ces conditions : dans le cas où l'incapacité serait proposée, si le Conseil passait outre, en disant que ses membres peuvent, avec la simple attache ministérielle qui ne les a pas même relevés de l'empêchement, rester juges souverains, y a-t-il autre parti à prendre qu'à invoquer la justice des Chambres, et à porter plainte au criminel dans les termes des art. 114, 123, 124, 131 et 166 du Code pénal ?

Ces garanties d'expérience indiquent suffisamment que la juridiction ne peut atteindre que les actes commis dans l'enseignement ; en aucun cas, ceux qui lui sont étrangers ne peuvent être soustraits au droit commun.

Si l'on remonte à l'esprit des décrets, on y verra clairement que la création d'une université n'avait d'autre but, d'après la loi du 10 mai 1806, que de mettre l'éducation et l'enseignement dans les mains du gouvernement ; qu'il faisait contracter, à cet effet, des obligations spéciales pour ne pas dévier des doctrines qu'il voulait établir. Il ne visait donc qu'à une unité de doctrine, et sévissait contre ceux qui s'en écartaient. Il n'avait nul besoin d'aller au delà pour le reste : n'existant point de liberté de presse, il n'y avait pas à la redouter. Si quelqu'un eût brisé les entraves, partout il eût rencontré des dispositions qui l'atteignaient,

sans qu'on fût obligé de recourir aux décrets universitaires, qui, étant eux-mêmes une usurpation,
n'avaient pas besoin d'être engagés dans aucune
lutte.

Alors même que le fait eût été commis dans
l'enseignement, qu'il eût eu les caractères qui
restaient à déterminer et qui ne l'ont jamais été,
il faut admettre que s'il eût eu assez de gravité
pour que la juridiction commune s'en fût emparée, la juridiction universitaire, pour ne pas se
trouver en conflit avec la première, devait s'abstenir. En cas d'acquittement, elle ne pouvait plus
condamner pour le même fait : la maxime *non
bis in idem* s'applique aussi bien à deux condamnations prononcées par deux justices différentes
qu'à deux condamnations venant de la même. Le
prévenu ne peut pas plus faire la chouette devant
deux juridictions, qu'il ne peut recevoir deux
condamnations. En exécution de celle qui sera
prononcée par la justice ordinaire, il n'y a qu'à
faire sortir de l'université celui qui est frappé
d'une peine afflictive ou infamante, ou seulement
correctionnelle, si elle l'empêche d'exercer ses
fonctions.

Si le fait s'est passé hors de l'enseignement, y
transporter les décrets universitaires, c'est les
sortir de leur cercle pour les mettre en conflit
avec la législation commune. S'il y a acquittement, comment admettre qu'il peut y avoir condamnation par l'université, et réformation par

elle d'une décision qui lui est tellement supérieure qu'elle y est soumise elle-même ?

Tel était évidemment le vœu des dispositions impériales : il y aurait le plus grave danger à s'en écarter sous le régime actuel. Nous allons jusqu'à dire que le danger serait le même, alors que sous le gouvernement impérial on eût pu sortir de l'enseignement. La combinaison d'alors était complète ; aujourd'hui les hachures sont telles et les amalgames si divers, qu'indépendamment de l'heureuse dissemblance d'un gouvernement despotique avec un gouvernement libre, on ne peut sans erreur agir sous celui-ci comme on eût fait sous l'autre. Comment sérieusement prétendre qu'on peut mettre dans les mains d'un Conseil présidé par un ministre les armes redoutables qui avaient été mises dans celles d'un Conseil tiré des hommes qui avaient blanchi dans les fonctions universitaires, et qui était présidé par un grand-maître, patron-né du corps enseignant ? Quel désordre n'y aurait-il pas à redouter dans les temps de faction et de parti, où l'on fait la guerre aux opinions comme aux croyances politiques ou religieuses !

L'université, fût-elle posée régulièrement, ne doit jamais pénétrer dans la politique, mais se borner à régler l'enseignement; si elle en sort, elle outre-passe sa mission. Le Conseil royal, qui s'arroge le droit de la représenter, n'en est sous aucun rapport l'expression. Les fonctions judi-

ciaires dont il s'est emparé sont aussi un empiétement qu'il ne pourrait conserver sans ébranler
les fondements mêmes de la juridiction commune
à toús.

Les écoles de droit sont dans une position particulière : à la différence de tout le corps universitaire, elles sont instituées par une loi spéciale du
22 ventôse an XII.

Le décret du 4 complémentaire suivant, qui
découle immédiatement de cette loi, porte,
art. 12 : « La nomination des professeurs et sup-
pléants sera faite par S. M. impériale, conformé-
ment aux articles 35, 36 et 37 de la loi du
22 ventôse. » L'art. 14 ajoute : « Les professeurs
seront nommés à vie. » N'impliquerait-il pas contradiction, d'une part, que la nomination faite par
l'empereur pût être révoquée par un grand-maître
ou le Conseil ; d'autre part, que cette révocation
pût avoir lieu d'un professeur nommé à vie, qui
serait cependant livré au caprice ou à la volonté
d'un Conseil, surtout quand il est composé en
dehors de toutes les garanties qu'offrait son organisation dans l'ensemble universitaire ?

Toutes ces raisons sont les mêmes, si elles ne
sont *à fortiori*, pour les nominations qui, après
la première formation, n'ont lieu qu'après un
concours public ; la chaire conquise à la suite
d'une lutte longue et difficile ne peut ainsi être
livrée au caprice, à l'erreur, ni même à la volonté éclairée d'un nombre d'hommes qui, sans

un droit bien précis et sans une procédure bien déterminée, ne peut être investi d'un pouvoir aussi exorbitant.

Comment défendre aujourd'hui l'idée que la révocation d'un professeur en droit ou en médecine puisse se trouver dans une peine disciplinaire, qu'elle puisse surtout en provenir pour un fait commis hors de l'enseignement?

Les écoles de droit ne se trouveraient tout au plus comprises dans la dénomination générale de corps universitaires que dans ce qui se concilierait avec la loi et le décret de leur organisation. Les peines disciplinaires seront applicables à tous les membres de l'Université, moins aux professeurs en droit, auxquels il eût fallu ajouter les conseillers à vie, dans le temps où ils existaient. Ceux-ci ne peuvent, pour les causes de révocation, qu'être soumis au droit commun; ils sont dans la même position que les juges qui ont encouru une peine capable de leur enlever l'institution à vie attachée à leur nomination.

Le Conseil royal, tel qu'il existe, se trouve partout à faux. Comment concevoir qu'il soit Conseil souverain, et que cependant il soit composé d'inférieurs en pleines fonctions dans les facultés dont ils font partie? Il arrive et doit fréquemment arriver qu'après avoir fait admettre ou rejeter dans leur corps telle mesure, ils viennent défendre ou combattre leur ouvrage au Conseil. Ceux qui ont confrères ou rivaux dans l'ensei-

gnement trouvent facilement moyen de les amener au Conseil : là, cessant d'être égaux, le
membre du Conseil devient supérieur et juge :
dans les cas ordinaires, il est juge et partie dans
une cause qui intéresse lui ou sa compagnie. Pareille anomalie est en contradiction flagrante
avec le décret organique de 1808, ainsi qu'avec
les art. 30, 70 et 72 de l'ordonnance du 17 février 1815, et celle du 1er novembre 1820, et
particulièrement avec l'ordre de choses actuel.

CHAPITRE IV.

Attributions administratives.

Le Conseil, dans les conditions de sa création qui ont cessé avec le régime impérial dont il faisait partie, administrait le matériel ; le grand-maître était chargé du personnel ; il prononçait toutes les peines, moins les deux dernières. Aujourd'hui le système est tout à fait bouleversé : il y a un ministre appelé uniquement pour administrer et non pour juger ; cependant il n'administre pas, parce qu'il rencontre un Conseil en possession d'une administration dont il ne veut pas se dessaisir : réunissant sa qualité à celle de grand-maître, il juge avec le Conseil qu'il préside ; il juge, ou au moins a le droit de juger seul pour l'application des peines inférieures.

Quoi de plus bizarre qu'un ministre appelé pour administrer et qui n'administre pas, et qui, exclu constitutionnellement du droit de juger, ne peut presque qu'exercer juridiction !

Sous ces deux derniers rapports, quand il apparaîtra comme juge, il s'expose à être récusé parce qu'un ministre, grand-maître ou non, ne peut avoir juridiction sur les personnes, comme aussi on récusera le Conseil qui voudra administrer, parce qu'il n'a plus eu de pouvoirs ou qu'il a dû les abandonner le jour où un ministre a été institué pour cet objet, et qu'il n'a en aucun cas le droit ni la mission de juger. Si cela est vrai pour les faits qui se sont passés dans l'enseignement, n'est-ce pas évident pour les actes qui lui sont étrangers? Un ministre essentiellement responsable ne peut répondre ni de l'administration qu'il ne fait pas, puisqu'un Conseil administre en son lieu et place, ni des actes qu'il a rendus ou auxquels il a concouru comme juge, parce qu'un juge n'en répond qu'au juge suprême, ou parce que, n'ayant pas le droit de juger, il n'en pourrait répondre que comme d'un fait, à tel point, que celui qui agirait par voie de responsabilité contre lui, pourrait être repoussé par la raison qu'il a eu tort de se soumettre à un jugement dénué de sa force constitutionnelle et légale; qu'il devait récuser le juge ou ne pas se soumettre à sa décision.

On récusera aussi facilement le Conseil comme étant sans pouvoir ou ne remplissant aucune des conditions prescrites par le décret.

Les attributions administratives du Conseil étaient presque nulles dans l'organisation primitive. Elles se bornaient :

1° A donner son avis au grand-maître sur les affaires que celui-ci lui renvoyait ;

2° Entendre les rapports des inspecteurs ;

3° Arrêter le budget des écoles ;

4° Examiner les ouvrages proposés pour l'enseignement ou pour composer les bibliothèques des colléges.

Il n'intervenait dans l'administration que pour donner son avis, lorsqu'il était consulté, ou pour fixer le budget de l'université.

Le décret du 17 mars 1808 a bien été développé par celui du 15 novembre 1811; mais le caractère des fonctions du Conseil est resté le même.

L'ordonnance du 17 février 1815, que nous avons citée, apportait bien des changements ; mais restée sans exécution à raison des événements qui la suivirent, le décret du 15 avril suivant déclara que les pouvoirs attribués au grand-maître et au Conseil, ainsi qu'au chancelier et au trésorier, seraient exercés sous l'autorité du ministre de l'intérieur par une commission de cinq membres : il est vrai que par ce décret, le droit d'élection et de contrôle, celui de proposer et d'exécuter, se trouvèrent réunis dans les mêmes mains ; l'université par là se trouva dotée d'une commission qui n'avait au-dessus d'elle que l'autorité du ministre de l'intérieur, sans explication de l'étendue qui lui était accordée.

Aussi, par un arrêté du 4 septembre 1817, la

commission, dans son omnipotence, établit une classe de professeurs *révocables* à volonté avec le titre de professeurs *provisoires*.

Par ordonnance du 1ᵉʳ novembre 1820, de *commission* elle fut transformée en *Conseil royal*; le président reçut des attributions plus étendues que celles du président de la commission; les fonctions y furent divisées entre les membres, de telle sorte qu'en quelques points, l'accord d'un seul conseiller avec le président eut la même force que l'avis de la majorité de la commission.

Les pouvoirs du président furent encore étendus par l'ordonnance du 27 février 1822, malgré que la division des fonctions des conseillers fût consacrée de nouveau.

L'ordonnance du 30 novembre suivant, en maintenant la division et nommant MM. Manssion, Clausel et Poisson, conféra à celui-ci les attributions de l'ancien trésorier de l'université.

Un Conseil ainsi formé peut-il se soutenir dans un ordre régulier? Choisi toujours plutôt parmi les hommes appropriés à la politique du temps que parmi ceux qui avaient voué leur vie à l'enseignement, offre-t-il autre chose qu'agglomération sans ensemble, et qu'un amas de contradictions?

Ou les actes d'administration soit du Conseil en masse, soit de l'un de ses membres en particulier, n'ont de force qu'autant qu'ils sont approuvés par le ministre, et alors pourquoi ne pas appeler, comme dans les autres ministères, chefs

de division ou chefs de bureaux ceux qui pré-
parent le travail du ministre? Pourquoi avoir en
même temps d'autres chefs de division? Pourquoi
ne pas exiger que les chefs qu'on appelle conseillers viennent faire leur travail au ministère?
Pourquoi détourner des professeurs de leurs travaux scientifiques pour les occuper de détails
d'administration? Pourquoi faire figurer les noms
de conseillers sur des actes qui n'ont de force
que comme actes de ministres? Pourquoi considérer ces chefs ou employés comme représentant
le corps enseignant, et s'imaginer qu'en les sur-
chargeant d'honneurs, c'est le corps scientifique
que l'on honore?

Ou les actes du Conseil ont force par eux-mêmes, et alors qui en est responsable? Si les conseillers sont accusables devant les Chambres ou ailleurs, à quoi sert un ministre de l'instruction
publique?

CHAPITRE V.

Attributions législatives.

Je prends ici le mot *attributions législatives* dans un sens très-général, pour exprimer ce que Bentham appelle « pouvoir de commandement sur les personnes prises collectivement. » Il est évident, en effet, que le Conseil royal ne concourt point à la confection des lois *proprement dites;* mais, en vertu de l'art. 76 du décret de 1808, le Conseil de l'université était appelé à discuter tous les projets de règlements ou statuts qui pourraient être faits pour les écoles des divers degrés. D'après l'art. 83, une commission de ce Conseil pouvait même être admise au Conseil d'État, sur la présentation du ministre de l'intérieur, pour solliciter soit la réforme de règlements, soit des décisions interprétatives de la loi (V. aussi les art. 49 et 60 du même décret). Cette disposition fut confirmée par les art. 3 et 55 de l'ordonnance de février 1815; l'art. 3 de celle du 15 août suivant transporte cette attribution, avec toutes les autres, soit du Conseil, soit du grand-maître, à la commission de l'instruction publique.

L'ordonnance du 20 novembre 1820 ne parla point de cette attribution; mais le Conseil royal prétendit qu'il n'était autre que la *commission* sous une dénomination nouvelle , et qu'en conséquence il avait tous les pouvoirs de la commission.

Au reste, l'art. 2 de l'ordonnance du 1er juin 1822 porte expressément que le grand-maître proposera à la discussion du Conseil les projets de règlement ou statuts qui pourront être faits pour les écoles des divers degrés; cette disposition est particulièrement appliquée aux écoles de médecine par l'art. 40 de l'ordonnance de février 1823.

Cela posé ,

Il est évident que les règlements émanés du Conseil, ne pouvant aujourd'hui avoir aucune force obligatoire que sous la responsabilité du ministre, doivent toujours être l'ouvrage du ministre.

Que celui-ci prenne l'avis des hommes qui sont présumés avoir le plus de lumières et le plus d'expérience, à l'égard des matières qu'il s'agit de réglementer; qu'il consulte les hommes les plus éclairés de son département, toutes les fois que, comme ministre, il pourra préparer quelque projet de loi sur l'instruction publique; certes, c'est ce que chacun approuvera, alors même que la haute capacité du ministre offrirait par elle seule la plus forte garantie.

Mais le Conseil royal, tel qu'il est organisé, est-il propre à remplir cette mission?

Il faut ici distinguer ce qui tient à l'ensemble de l'instruction publique, de ce qui peut concerner une de ses branches en particulier.

Bien que, sur les questions générales, il y ait chance de voir jaillir des idées utiles d'une discussion entre cinq à six personnes livrées à des parties toutes différentes de l'enseignement, néanmoins, lorsqu'il s'agira de l'organisation particulière de l'enseignement du droit ou de la médecine, on obtiendra plus de lumières d'une faculté de droit ou de médecine que d'une réunion où il y aura tout au plus un membre de chacune de ces facultés.

Il faudrait donc un Conseil, à l'instar de celui de l'université, composé de trente membres, dont vingt appelés chaque année et pris dans l'enseignement; ou que, s'il est composé des chefs de l'administration, le ministre, indépendamment de son avis, s'adressât encore, sur des matières spéciales, à ses véritables conseils, qui sont les membres des facultés chargés de l'enseignement des matières dont il s'agit.

Quant aux questions qui embrassent l'organisation générale, ne les soumettrait-on pas à l'avis de leurs véritables juges en appelant les lumières de commissions composées de membres des diverses facultés, de professeurs de colléges et d'inspecteurs?

Ces commissions, choisies, pour l'examen des

questions spéciales, parmi les membres de la même faculté, et prises, pour les questions générales, dans le corps enseignant, n'auraient pas besoin d'honoraires : elles auraient ainsi le double avantage de réunir en faisceau les lumières théoriques et pratiques, et de procurer une grande économie.

En modifiant chaque année le tableau des membres qui les composeraient, au lieu d'être une citadelle pour la routine et la continuation des mauvaises études, les idées nouvelles et d'amélioration s'y feraient jour : le pouvoir directeur de l'instruction publique fonctionnerait plus utilement et plus sûrement. Le Conseil royal, superposé sur l'enseignement, n'ayant ni titre ni place pour rester, serait remplacé par une réunion d'hommes sans cesse renouvelés, qui donneraient autorité et confiance à tous les actes auxquels ils participeraient ; les membres du Conseil, au lieu d'être en permanence, seraient temporairement appelés pour y apporter le tribut de leur expérience ; ceux qui ont quitté l'enseignement pour une administration toujours contestée y rentreraient, puisque leur place y est toujours vacante ; ils rentreraient dans les chaires où ils ont acquis leurs titres de gloire et d'honneur. L'autorité ministérielle reprendrait la profession qui lui est propre ; le public studieux applaudirait à la mesure qui lui rend les professeurs renommés qu'il avait perdus ou qu'il n'entendait que dans quelques-unes des chaires que le savoir et la réputation avaient méritées à plusieurs d'entre eux.

RÉSUMÉ.

Les fonctions *judiciaires* que le Conseil royal exerce, en les déguisant sous le nom de *pouvoir disciplinaire*, sont en opposition manifeste avec la charte et avec les vrais principes du gouvernement constitutionnel.

Le droit de révoquer les professeurs *ordinaires* et le droit de mettre hors d'activité ceux qui sont *inamovibles*, doit nécessairement appartenir au ministre de l'instruction publique, et non pas au Conseil indépendant de lui; sans cela, comment pourrait-il être responsable de la bonne ou mauvaise administration de son département?

Si l'on croit que les corps doivent être investis d'un pouvoir disciplinaire sur leurs membres, ce seraient alors les professeurs de la même faculté ou du même collége qui devraient exercer ce pouvoir les uns à l'égard des autres.

Le droit de déclarer, par un acte public, qu'un individu s'est rendu coupable d'un fait que la loi qualifie crime ou délit, appartient exclusivement au jury ou aux magistrats; il ne peut être permis à aucune autorité administrative d'énoncer dans un acte public de semblables faits, comme motifs de révocation ou de censure.

Le pouvoir de révocation est le *maximum* du

droit qui puisse appartenir à un chef sur ses employés. Infliger en outre la peine de détention ou prononcer la déchéance de la totalité ou de partie des droits publics ou civils, c'est évidemment usurper le pouvoir judiciaire.

L'usurpation des fonctions *administratives* (qui n'appartenaient aucunement au Conseil de l'université impériale), soit que ces fonctions soient exercées par le Conseil collectivement, soit que chacun de ses membres exerce privativement une classe particulière de ces mêmes fonctions, rend complétement inutile un ministre de l'instruction publique. Il faut reconnaître que le Conseil n'eût jamais dû qu'instruire les affaires et ouvrir un avis que le ministre eût été libre de suivre ou de ne pas suivre. Mais il est évident que de pareilles fonctions sont précisément celles des chefs de division des ministères, et par conséquent il y aura double emploi au ministère de l'instruction publique si, indépendamment du Conseil royal, il y a encore des chefs de division avec les attributions dont nous venons de parler.

Quant aux fonctions (*législatives*) du Conseil, sans doute, lorsqu'il s'agit de rédiger des règlements universitaires, ou de préparer un projet de loi ou d'ordonnance relative à l'instruction publique, il importe que le ministre n'agisse point sans consulter ceux qu'une longue expérience a instruits des avantages et des inconvénients de ce qui est, et à qui cette même expérience a fait apercevoir ce qui devrait être; mais, à moins que le Conseil ne soit extrêmement nombreux, le ministre ne pourra jamais se dispenser de choisir, hors du Conseil, des commissions pour l'examen des questions qui intéressent spécialement telles ou telles facultés, et notamment les facultés de médecine et de droit.

CONCLUSION.

Le Conseil royal est un composé factice sans base; il ne s'harmonise avec rien de ce qui est; loin de concourir à l'action, il ne peut que l'entraver et la fausser davantage.

Du reste, à quoi bon s'appesantir sur le Conseil royal en particulier, quand, plaqué sur l'université, il ne peut plus même coexister avec elle; à plus forte raison quand la mise à exécution de l'art. 69 de la charte lui enlèvera le monopole, sans lequel elle n'est plus rien.

Cet article veut qu'il soit pourvu dans le plus court délai possible à l'instruction publique et à la liberté de l'enseignement; il n'est pas possible de reculer indéfiniment une obligation aussi précise : les membres du Conseil trouveront toujours dans ce qui sera établi la place réservée à leur savoir et à leur expérience; alors, au moins, ils l'exerceront régulièrement, avec plus de fruit.

Pour terminer le travail auquel nous nous

sommes livré sans aucune acception de personnes, et dans l'unique vue d'améliorer les études et l'administration qui les dirige, qu'il nous soit permis de présenter les dispositions simples qui, en honorant le gouvernement, accompliraient le devoir qui lui est imposé, et que, dans toute la France, les pères de famille autant que les professeurs et le grand nombre d'anciens élèves qui ne peuvent trouver accès dans l'instruction attendent avec impatience.

L'enseignement est libre; en conséquence chacun pourra élever tel établissement d'instruction qu'il jugera convenable, à la charge seulement d'en faire la déclaration écrite à la mairie, un mois au moins avant l'ouverture.

L'instruction est placée sous la protection des autorités municipales et sous la surveillance des tribunaux et du ministère public, qui pourront ordonner ou requérir des poursuites, toutes les fois que l'enseignement troublera l'ordre ou portera atteinte aux lois et à la constitution du pays.

Les communes disposeront par vente, location même gratuite, des bâtiments servant actuellement à des colléges ou autres institutions universitaires.

Toutes les propriétés de l'université appartiennent à l'État; elles seront vendues, ainsi que celles

que l'État affectait à cette destination, à moins
que le gouvernement ne juge à propos d'en conserver pour y établir tels cours d'enseignement
qu'il croira utiles aux sciences.

Il instituera des professeurs pour examiner les
élèves qui se destinent à l'art de guérir, et qui
ne pourront jamais exercer la médecine ou la chi-
rurgie sans avoir préalablement obtenu un di-
plôme délivré par ces professeurs.

Il aura la même faculté pour les élèves qui se
destinent aux fonctions judiciaires.

Les écoles élémentaires seront seules à la charge
de l'État.

Les autres études seront rétribuées par les élèves
qui les suivront.

CHAMBRE DES PAIRS.

CHAPITRE PREMIER.

Fonction législative de la Chambre des Pairs.

La monarchie tempérée est celle où les pouvoirs, au lieu d'être réunis dans la main du monarque, se trouvent répartis en plusieurs mains : les divisions opérées, les limites bien posées, voilà ce qui constitue la monarchie constitutionnelle et les fondements de l'organisation sociale propres à ce genre de gouvernement, vers lequel tendent les esprits éclairés de tous les peuples dont le malaise appelle des changements.

Suivant que les pouvoirs sont plus ou moins bien équilibrés, et que chacun d'eux est doté d'une force suffisante pour se prémunir contre les attaques de l'autre, le gouvernement est plus ou moins stable, et à l'abri des oscillations qui ne l'ébranlent jamais sans finir par le renverser.

Jusqu'à présent, les publicistes anciens et modernes n'ont compté que trois divisions, savoir : pouvoir *législatif*, pouvoir *exécutif*, pouvoir *judiciaire*. Cette classification, malgré les changements ou les modifications dont elle serait susceptible, a suffi pour tous les besoins de décomposition et de discussion. *Benjamin Constant* a bien énoncé un quatrième pouvoir qu'il appelait *modérateur*, et qu'il plaçait au-dessus, au moins en dehors de tous les autres. Mais ce pouvoir n'ayant pas un représentant spécial, puisqu'il est un des attributs de la royauté, en qui réside déjà l'un des trois ci-dessus tout entier, plus la participation en tiers dans un autre, nous ne voyons pas, tout en le reconnaissant, la nécessité d'augmenter la nomenclature en lui donnant une consistance distincte.

Si, pour avoir un gouvernement qui ait de profondes racines, un grand et solide appui dans le pays, dont il devient la vivante expression, la division des pouvoirs est forcée, il n'y a plus de division nécessaire dans les éléments de chacun des pouvoirs en particulier; chacun d'eux pourrait être simple.

Ainsi, le pouvoir royal a sa force en lui-même; il se multiplie dans ses ministres, qu'il choisit à volonté, et sous la condition de responsabilité, dont une heureuse combinaison l'a affranchi lui-même, pour la faire peser tout entière sur eux, et descendre de degré en degré sur tous les autres agents inférieurs.

Le pouvoir judiciaire se suffit également à lui-même, sans que les deux autres puissent affaiblir son action ou gêner ses mouvements.

La puissance législative est bien plus complexe :

dans tous les gouvernements monarchiques, elle se compose de trois parties , dont l'une peut , *ad nutum* , paralyser les deux autres : ces trois branches formées d'éléments tout divers , il faut convenir qu'il y a là un danger de désaccord qui mériterait bien d'être examiné , avant d'être mis hors de toute controverse.

La puissance législative est certainement la plus étendue, pour ne pas dire la plus difficile à exercer d'une manière appropriée à tous les besoins du pays : elle crée sans cesse , tandis que les deux autres n'ont qu'à chercher à bien entendre ses volontés et à les faire exécuter ponctuellement. Voilà pourquoi, sans doute, elle est posée sur de bien plus larges bases. Aussi, la voix législative étant toujours celle du commandement, la nation intervient directement pour en constituer l'élément principal. La souveraineté qu'elle exerce en ce cas la dispense de toute immixtion dans les actes des deux autres pouvoirs : avec une loi qui la mettra à même de choisir de véritables organes, elle aura toujours le moyen de faire connaître ses besoins, et de combattre les obstacles qui tendraient à altérer ses droits.

CHAPITRE II.

Théorie sur la formation de la législature.

Dans notre charte, le pouvoir législatif étant multiple, il n'y a plus à l'examiner : cependant, rien n'empêche de prévoir le cas où un peuple se donnant une charte, il est indispensable ou utile que le pouvoir exécutif y entre comme l'un des éléments.

Gardons-nous de croire que la puissance royale sera d'autant plus forte et plus respectée, que ses attributs seront plus étendus. On dira au contraire que moins elle en aura hors de sa haute mission exécutive, moins elle aura à redouter de collisions et de contradictions. Si elle doit être souveraine partout où elle intervient, comment ne pas trembler de la voir se commettre avec la Chambre des Députés, laquelle exerce aussi une souveraineté qui lui est propre : le heurtement de ces deux puissances ne produira-t-il pas toujours un effet fâcheux? n'en produirait-il pas un semblable, s'il avait lieu avec la Chambre des Pairs, dont l'affinité paraît devoir être plus grande ?

Voilà pourquoi le roi, placé si haut pour tout observer, semblerait privé d'un moyen essentiel de gouvernement, s'il n'avait la proposition des lois : néanmoins, s'il ne convient pas de le priver de ce droit, ne serait-il pas mieux qu'au lieu d'en user directement, il l'exerçât par les Chambres elles-mêmes ? Il aura toujours, par là, l'avantage sans aucun inconvénient. Les ministres viendront, soit que la proposition arrive d'eux, ou qu'elle appartienne uniquement aux Chambres, appuyer, combattre ou modifier la mesure ; dans une pareille situation, ils seront toujours plus avantageusement placés pour faire ce que la discussion ou les circonstances auront révélé. Quand, portant la parole au nom du souverain, ils ont fait valoir toutes les raisons générales et particulières, et que les deux Chambres n'ont pas cru devoir les adopter, ou n'en adopter qu'une partie, peut-il être dans l'intérêt bien entendu du trône d'étouffer une volonté émise par les deux corps qui ont mission spéciale pour la manifester ? Après les épreuves publiques que subissent les lois, il sera toujours à craindre que le *veto* ne nuise au roi ; parce que, s'il y a erreur d'un côté, on sera plus disposé à la voir dans les ministres que dans les Chambres : on leur attribuera quelque cause erronée, quelque vue systématique ; alors même que la supposition serait fausse, si l'instinct public n'en fait justice, il est dangereux de la faire naître. Dans le cas où le gouvernement, au lieu d'apparaître directement par son *velo*, userait de l'influence qu'il exercera naturellement sur une Chambre des Pairs organisée comme la nôtre, le rejet se fera rarement sans inconvénient pour le ministère comme pour la Chambre, toutes les fois que la loi touchera quelque intérêt positif que la presse ou l'opinion présenteront comme sacrifié. Sans doute chacune des trois branches législatives doit avoir son indépendance ; mais il ne faut pas se dissimuler que, d'après le caractère propre à chacune d'elles, la Chambre élective, qui se retrempe sans cesse dans les colléges nationaux spécialement formés pour l'établir, n'agisse plus puissamment que les deux autres dans une question populaire.

Si les rôles des deux Chambres n'eussent pas été intervertis sous la restauration ; si les lois d'élection n'eussent pas été continuellement travaillées pour en vicier la source ; si les ministres, prêtant une assistance indue à ces mauvaises lois, n'avaient pas, pour ainsi dire, dicté les choix, la représentation d'alors, qui représentait plutôt le ministère que le pays, aurait-elle adopté les lois du double vote, du sacrilége, des substitutions, etc., etc. ? Si la Chambre des Pairs n'eût été sagement éveillée sur son propre intérêt ; si elle n'eût vu que sa rivale voulait constituer une autre aristocratie que celle que la charte avait établie ; si cette Chambre n'eût pas été héréditaire et s'appartenant par conséquent tout entière, ne peut-on pas se demander de bonne foi si la loi d'aînesse eût également été rejetée? Quel qu'en soit le motif, il ne faut pas hésiter de rendre à cette Chambre le juste hommage qui lui en revient. Mais, de ce fait, n'en concluons pas, contre la question que nous examinons, que la Chambre des Pairs sera toujours, malgré la présomption qu'élève contre elle sa propre constitution, réputée n'avoir cédé à aucune action supérieure. Dans des questions positives, comme celle de la conversion des rentes, des chemins de fer, ou toute autre semblable, elle devra toujours user de son droit avec la plus grande réserve : il n'y aura rien de pis pour elle que de laisser croire que, parce qu'elle est sans cesse complétée par les ministres, elle est appelée, par la force des choses, à céder à leurs volontés, et à repousser une mesure dont ils n'osent pas prendre la responsabilité pour eux-mêmes. La sincérité du gouvernement représentatif serait bientôt mise en doute; en se nuisant beaucoup à elle-même, elle n'ôterait rien au gouvernement; il y aurait deux inculpés au lieu d'un.

On pourrait donc, sans affaiblir en rien le pouvoir royal, laisser la législature dans les Chambres. La charte de 1814, loin de se prêter à cette idée, avait, au contraire, donné au roi la plus forte part, puisqu'elle n'accordait qu'à lui l'initiative. En la rendant aux Chambres, on a fait cesser un abus qui ne s'était introduit que comme émanation du pouvoir de l'ancienne monarchie.

Indépendamment de toutes les raisons théoriques à produire, reste la pratique de nos voisins : il est extrêmement rare que le gouvernement propose directement les lois ; l'origine en est toujours dans les Chambres : de cette manière, il évite les collisions ci-dessus et la responsabilité au moins morale d'une proposition fausse ou intempestive.

Ce qui se dit du droit de proposer les lois s'applique *à fortiori*, peut-être, au droit de les refuser. M. Pinheiro Ferreira , en ses *Observations sur la charte* , p. 64 , regarde que la dépendance du pouvoir législatif, de la volonté du chef du pouvoir exécutif, est une violation du principe le plus vital du gouvernement représentatif, l'indépendance des pouvoirs.

Quoi qu'il en soit, notre charte actuelle a corrigé un des plus grands vices de l'ancienne , en déplaçant le droit de proposition des lois qui appartenait exclusivement au roi , et en le déversant également sur chacune des deux autres branches législatives.

Aussi, sans nous appesantir davantage sur la question ci-dessus, que nous n'avons qu'esquissée en thèse générale, reste la participation d'une deuxième Chambre choisie par le ministère. On est trop disposé à y voir une superfétation d'autant plus choquante, qu'elle reproduit dans la puissance législative les délégués du ministère, qui s'y trouve déjà directement, et que la représentation nationale est ainsi à la discrétion d'une Chambre qui lui est en tout hétérogène.

C'est encore, d'après M. Pinheiro, en son *Cours de Droit Public*, 1ᵉʳ vol., p. 400, une aberration de principes que l'usage reçu en Angleterre, et à son imitation dans les autres monarchies représentatives, de déléguer à la couronne la nomination des membres de la Chambre haute : les pairs étant et devant être des mandataires de la nation, aussi bien que les députés, pour concourir contradictoirement avec la couronne, mandataire elle-même, à la formation des lois, il est aussi contraire aux principes d'un gouvernement constitutionnel de déléguer leur pouvoir à la couronne, qu'il le serait de lui commettre l'élection des députés, ou à ceux-ci l'élection des pairs. Ce que la saine raison dicte, et ce qui se pratique dans tous les autres cas de pareille nature, dans l'ordre politique aussi bien que dans l'ordre civil, c'est que le mandataire soit nommé par la personne dont il doit soutenir les intérêts, que ce soit d'elle seule qu'il reçoive son mandat.

Il serait aussi absurde de vouloir établir dans une république, ainsi que cela a déjà eu lieu, que les sénateurs choisissent les membres de la Chambre des Députés.

Les pairs, aussi bien que les sénateurs et les députés, devraient être choisis par des électeurs qui agissent dans ce cas, comme dans celui de l'élection des députés, au nom et dans les in-

térêts de la nation , avec des conditions différentes, si l'on juge à propos d'en établir.

Ces raisons pourraient être pesées , s'il s'agissait
de créer une Chambre des Pairs : l'élection par
le pays a été vivement soutenue lors de la révision de l'héridité, elle a été rejetée; il faut en
déduire que, tout bon que puisse être en théorie
le système électif, il n'a point été admis en France.
Une décision aussi récente étant devenue une
annexe de la charte, il n'y a pas à l'examiner
avant une preuve plus complète.

Ces observations, toutes vraies qu'elles puissent
paraître, ne nous sont point applicables, parce que
cette disposition de notre droit actuel n'a été
admise par la Chambre des Députés qu'après
avoir balancé les inconvénients et fait la part
du temps, des circonstances et des mœurs du
pays à qui la disposition était destinée.

CHAPITRE III.

Substitution de la Pairie au Sénat.

La substitution du mot de *pairie* à celui de sénat tient autant aux habitudes de l'ancienne monarchie qu'à la convenance de ne pas conserver la dénomination de *sénat conservateur* au corps qui n'avait rien conservé ; de même la qualification de *dignité* se trouve encore attachée à la nouvelle qualité de pair, parce qu'elle se trouvait dans l'ancienne charte.

Un fonctionnaire, quelque élevé qu'il soit, un ministre même n'est qu'un fonctionnaire ; et cependant il confère à autrui une dignité qu'il n'a pas lui-même : si cette qualité est attachée à celle de membre d'une Chambre législative, les deux Chambres semblent y avoir le même droit.

La dignité suprême est bien conférée à vie au monarque, mais à la condition de sous-déléguer l'exercice des attributions à des ministres responsables.

Les députés subissent le jugement discrétionnaire du tribunal de l'opinion publique à chaque retour d'élection, ou même à chaque promotion de place ou avancement.

Les juges même, nommés par le roi, dans des cours souveraines, sont soumis à des conditions ; ils peuvent être récusés par les parties : les pairs seuls reçoivent un mandat irrévocable alors même qu'ils sont promus à de nouvelles fonctions.

Cette Chambre est présidée par le chancelier de France, place honorifique, qui s'allie peu avec l'ordre actuel, mais qui est restée de l'ancien : quel rapport y a-t-il entre ces deux emplois qui rende leur réunion nécessaire dans une même personne? On conçoit l'exception en faveur de M. *Pasquier*, à raison de ses anciens et surtout de ses nouveaux services à la pairie ; mais si, après lui, le roi ne nomme pas de chancelier, il choisira le président pour chaque session, s'il le veut : ce sera une discordance avec l'autre Chambre, qui nomme le sien ; mais elle s'explique par la nomination que le roi fait de tous les membres.

Au lieu de voir là des honneurs relevants pour la pairie, lesquels ne peuvent aujourd'hui venir que de services rendus, n'est-il pas à craindre qu'on n'y voie qu'une boursouflure à l'aide de laquelle on veut placer ce corps dans une position factice ou dans une dépendance plus intime que l'autre Chambre avec la puissance monarchique? Ce qui tendrait à le faire croire, c'est que les princes du sang sont pairs par droit de naissance, et siégent immédiatement après le président.

Si les princes du sang sont pairs et assistent aux séances, le roi a-t-il le même droit, comme il l'avait autrefois pour les lits de justice? La présence des princes du sang ne donnera-t-elle pas l'idée qu'ils influent sur la liberté de discussion et du vote?

L'admission par le fait seul de la naissance pouvait concorder avec l'ancienne charte, qui admettait l'hérédité; elle ne s'accommode plus aussi bien avec la nouvelle, depuis l'abolition : nos princes avaient peu besoin d'un auxiliaire de cette sorte; loin de les favoriser, nous croyons qu'il leur nuit; car il leur ôte, d'une part, le choix d'une élection méritée, plus celui de la nomination à la Chambre des Députés, où ils deviennent inéligibles, quoique, dans quelques circonstances, elle leur eût paru préférable.

La restriction ancienne de ne pouvoir assister aux séances sans l'autorisation du roi présente de trop justes motifs pour qu'on puisse la regarder comme éteinte, quoique non renouvelée; c'est précisément quand on est si éloigné de toute possibilité d'application à la famille régnante, modèle d'union et d'estime réciproque, qu'on a pu en passant toucher cette observation.

CHAPITRE IV.

Explication sur la dénomination de Chambre des Pairs
et sa formation.

Une pairie se concevait et s'expliquait par elle-
même lorsqu'elle était l'égalité des seigneurs qui
se prétendaient souverains ; la Cour des pairs était
la diète ou le parlement qu'ils tenaient pour l'é-
lection du roi, pour le règlement de leurs affaires
générales ou pour le jugement de leurs différends.
Mais lorsque *Louis-le-Gros* eut contraint les seigneurs de rendre hommage à la royauté, qui
bientôt ne dépendit plus de leur élection ou de
leur consentement, la pairie changea de nature ;
elle n'indiqua plus une égalité de souveraineté,
mais une égalité de sujétion.

C'est ce que le rédacteur des *Lettres de convo-
cation*, dans l'affaire de Robert d'Artois, fait remarquer : « Ils ne sont mie appelés pers pour ce
qu'ils sont pers à lui (au roi), mais pers sont entre
eux ensemble. »

La pairie fut dans l'origine l'attribut de la puissance et le titre distinctif des membres de la diète

fédérale ; le pouvoir et la dignité de la couronne étaient à chaque instant compromis par la perpétuelle obsession des conseillers revêtus de la pairie , et par les plaidoyers menaçants des grands feudataires ou de leurs poursuivants : le Conseil du monarque n'était pas composé des hommes de son choix ; les pairs y entraient en vertu de leur titre féodal , avec les souvenirs orgueilleux de leur ancien état.

Philippe-le-Bel, en établissant des parlements judiciaires dans les différentes parties de son royaume , jeta les fondements de l'indépendance et de l'inviolabilité de la couronne.

Il débarrassa le trône de la cour importune des pairs , et les retint plus facilement dans sa dépendance en les éloignant de sa personne et des affaires.

On ne peut concevoir pourquoi, en 1814, la restauration vint exhumer cette vieille dénomination de pairie. On ne peut l'expliquer que parce que, nous arrivant d'Angleterre et par l'Angleterre, Louis XVIII, après avoir dit au régent qu'après Dieu il lui devait la couronne qui lui était rendue, voulut indiquer qu'il allait établir en France des institutions semblables à celles d'Angleterre ; ou que, replacé sur le trône de ses pères , il allait assembler les débris épars de cette antique noblesse pour en former le premier corps de l'État ; ou que, par des raisons de bienséance envers l'ancien sénat , il convenait de lui faire perdre son nom. En effet , ce corps, après avoir livré la France à l'empereur, avait couronné sa carrière en livrant l'empire et l'empereur, sous la condition expresse que ses traitements, honneurs et pensions lui seraient non-seulement conservés, mais que la dignité leur serait attribuée, qu'elle ne serait pas viagère, mais inamovible et héréditaire de mâle en mâle par primogéniture; ils avaient ajouté de plus : « Les sénateurs actuels, à l'exception de ceux qui renonceraient à la qualité de *citoyens* français, sont maintenus et font partie de ce nombre (150 au moins, 200 au plus); la dotation actuelle du sénat et des sénatoreries leur appartient : les revenus en sont partagés également entre eux et passent à leurs successeurs. Les sénateurs qui seront nommés à l'avenir ne peuvent avoir part à cette dotation. »

Cette capitulation se trouvait dans un seul article de la constitution délibérée par le sénat lui-même, constitution, bien entendu, qui n'avait pour objet que le bonheur du peuple français, la garantie de ses droits pour l'avenir contre un despotisme semblable à celui dont il l'affranchissait.

Écoutons, du reste, ses motifs, assez énergiques pour être présentés comme modèle :

« Français,

« Au sortir des discordes civiles, vous avez choisi un homme qui paraissait sur la scène du monde avec le caractère de la grandeur ; vous avez mis en lui toutes vos espérances : ces espérances ont été trompées ; sur les ruines de l'anarchie il n'a fondé que le despotisme.

« Il devait, au moins par reconnaissance, devenir Français avec vous ; il ne l'a jamais été ; il n'a cessé d'entreprendre, sans but et sans motif, des guerres injustes, en aventurier qui veut être fameux. Il a dans peu d'années dévoré vos richesses et votre population.

« Chaque famille est en deuil, toute la France gémit ; il est sourd à nos maux ; peut-être rêve-t-il encore à ses desseins gigantesques, même quand des revers inouïs punissent avec tant d'éclat l'orgueil et l'abus de la victoire.

« Il n'a su régner ni dans l'intérêt national, ni dans l'intérêt même de son despotisme. Il a détruit tout ce qu'il voulait créer, et recréé tout ce qu'il voulait détruire ; il ne croyait qu'à la force, la force l'accable aujourd'hui : juste retour d'une ambition insensée !

« Enfin cette tyrannie sans exemple a cessé : les puissances alliées viennent d'entrer dans la capitale de la France.

« *Napoléon* nous gouvernait comme un roi de barbares : *Alexandre* et ses magnanimes alliés ne parlent que le langage de l'honneur, de la justice et de l'humanité ; ils viennent réconcilier avec l'Europe un peuple brave et malheureux.

« Français, le Sénat a déclaré *Napoléon déchu*

du trône; la patrie n'est plus avec lui : un autre ordre de choses peut seul la sauver. Nous avons connu les excès de la licence populaire et ceux du pouvoir absolu : rétablissons la véritable monarchie en limitant par de sages lois les divers pouvoirs qui la composent.

« Qu'à l'abri d'un trône paternel, l'agriculture épuisée refleurisse; que le commerce, chargé d'entraves, reprenne sa liberté; que la jeunesse ne soit plus moissonnée par les armes avant d'avoir la force de les porter; que l'ordre de la nature ne soit plus interrompu, et que le vieillard puisse espérer de mourir avant ses enfants ! Français, rallions-nous ; les calamités passées vont finir, et la pairie va mettre un terme au bouleversement de l'Europe : les augustes alliés en ont donné leur parole. La France se reposera de ses longues agitations; et, mieux éclairée par la double épreuve de l'anarchie et du despotisme, elle trouvera le bonheur dans le retour d'un gouvernement tutélaire. »

Rien à ajouter à un tel monument, qui tirait particulièrement son éclat de la circonstance et des personnes elles-mêmes qui l'élevaient : il n'y manquerait, pour en faire sentir tout le prix, que de le rapprocher des déclarations qui se trouvent en tête des sénatus-consultes, et surtout de ces protestations, pour ne pas dire ces prosternations, faites encore après les désastres de Moscou.

Quoi qu'il en soit, ce corps perdit son nom; une

cinquantaine d'anciens ducs, avec quatre ou cinq évêques, auxquels on *adjoignit* tout le fond de l'ancien sénat, constituèrent une pairie nouvelle, relevèrent au moins de nom l'ancienne pairie, qui, ainsi qu'on l'a vu, avait cependant cessé d'exister depuis des siècles.

En 1830, la célérité qui fut mise à la révision de la charte fit passer sur la qualification et sur les accessoires dont est parlé ci-dessus : on ne s'attacha qu'au plus essentiel, à l'hérédité, qui, par suite de la réserve sur ce point, fut enveloppée dans un naufrage tel, que l'institution reste seulement avec un nom, mais sans que, dans un gouvernement cependant tout représentatif, elle représente rien.

De là, il résulte que la dénomination de Chambre des Pairs n'est qu'un effet sans autre cause que celle d'un changement de nom. Les pairs se trouvent établis dans les cinq premiers articles de notre charte : n'étant pas plus pairs des ministres que des membres de l'autre Chambre, plus que ceux-ci ne le sont de la première, il ne reste qu'une dénomination empruntée des circonstances, si elle n'est une reprise dans nos vieilles annales.

Sans plus nous appesantir sur le nom, qui, du reste, n'a pas une grande importance, nous allons voir si cette Chambre est plus concordante avec l'action qu'elle est appelée à recevoir ou à donner dans notre machine constitutionnelle.

CHAPITRE V.

Raisons données pour son établissement.

Les publicistes qui ont disserté sur l'organisation de cette branche du pouvoir l'ont justifiée : 1° les uns, en la regardant comme représentant la grande propriété ; 2° les autres, comme représentant le corps de la noblesse ; 3° ceux-ci, comme devant établir l'équilibre entre les deux autres branches de la législation ; 4° ceux-là, comme un corps mixte destiné à recevoir toutes les illustrations, à présenter des individus de relief à l'étranger et dans son ensemble une Chambre éminente qui se rapproche de toutes les aristocraties, avec lesquelles il y a des communications fréquentes à entretenir au dehors.

§ Iᵉʳ.

Représentation de la grande propriété.

Si, à la formation de son gouvernement actuel, l'Angleterre avait déjà de grands propriétaires, il est possible que les propriétés qui venaient, soit des conquêtes, soit des faveurs du prince, soit de toute autre cause, aient été un prétexte dont se servaient les détenteurs pour prendre position dans le gouvernement, partager même une partie des pouvoirs qui avaient appartenu jusqu'alors au chef de l'État : la richesse, qui, dans tout pays, a toujours une grande influence, a partout exercé la sienne, lors de la répartition des pouvoirs et des prérogatives : les hommes qui avaient une grande fortune, en devenant de grands propriétaires terriens, eurent des tenanciers qui se transformèrent bientôt en vassaux, presque en sujets, puisque celui dont ils relevaient traitait presque d'égal à égal avec le prince, qui, fréquemment, avait recours à eux pour les besoins de sa couronne. Mais à fur et mesure que la civilisation, en généralisant l'industrie et les arts, a formé une classe moyenne, la concentration des propriétés s'est affaiblie; elles sont devenues le patrimoine d'un plus grand nombre; la représentation de la grande propriété a dû faire une part à la représentation de la moyenne. Aussi en Angleterre, quoique la législation ait, par les majorats et les substitutions, cherché à conserver les grandes propriétés, elles sont répandues sur un plus grand nombre de familles; les fortunes mobilières ont pris leur rang à tel point, que, s'il y a d'immenses fortunes dans la Chambre haute, il y en a d'égales dans l'autre : les richesses sont telles, que, dans chacune des Chambres, il n'y a presque d'autre différence entre les membres, si ce n'est que les uns ont un siége héréditaire, et que celui des autres est électif ; que le premier est dévolu aux aînés des familles, et les autres aux cadets de ces mêmes familles.

En France, la Chambre élective compte, dans son ensemble, autant et plus de fortunes que l'autre : hors des deux, il y a des propriétés en grand nombre ; il y en a indubitablement assez pour qu'on puisse dire que si la grande propriété avait besoin de représentants spéciaux, la Chambre des Pairs ne pourrait prendre cette qualité au détriment de l'autre.

Ainsi la Chambre des Pairs ne répondrait plus au but de son institution, toutes les fois que les propriétés changeraient de mains. C'est même ce qui arrivera toujours, sans les substitutions et les majorats : les moyennes fortunes sont chez nous en possession de la majeure partie du sol, les plus nombreuses et les plus dominantes ; elles ont tout ce qu'il faut pour se bien faire représenter par elles-mêmes ; elles ne peuvent protéger et défendre leurs propriétés, qu'en protégeant et défendant celles des autres, ce qui ne se rencontre pas toujours dans les grandes fortunes, qui ont souvent des motifs et des raisons contraires. La raison tirée de la représentation de la grande propriété ne peut s'appliquer à notre Chambre des Pairs.

§ II.

Représentation de la noblesse.

La pairie représente bien moins la noblesse, puisqu'aujourd'hui elle n'existe plus que de nom. Frappée et renversée par les premiers coups de notre révolution, l'empire chercha bien à la ressusciter : quoique ses partisans disent et que plusieurs aient écrit que l'empereur n'avait fait qu'obéir aux nécessités; que, plein d'idées libérales, il aurait rendu à la France, après que ses grandes vues d'agrandissement et de consolidation auraient été réalisées, toutes les libertés qu'il lui avait momentanément ravies, nous n'avons nulle foi dans ces affirmations. Voulant faire oublier son origine révolutionnaire, il s'occupa d'effacer les vestiges apparents de la révolution; les temples, les églises étaient fermés, il les rouvrit. Le nouveau calendrier fut remplacé par l'ancien; les distinctions, les décorations étaient tout à fait abattues, il les fit renaître. La noblesse était éteinte, ses titres avaient été brûlés, il évoqua l'une, il fit revivre les autres; mais reconnaître une noblesse, lui donner des titres sans moyen de les soutenir, parut bientôt une œuvre imparfaite et sans consistance; les majorats devinrent une nécessité; aussi un coup de sénatus-consulte leur rendit l'existence. Les raisons ne manquèrent pas, le sénat fut le premier investi des titres qu'il conférait; ceux de *princes*, *ducs* et *comtes*, furent dévolus à la qualité de sénateur. Il n'est pas permis de douter que si, aux titres, aux majorats, il y eût eu la moindre convenance d'ajouter d'autres priviléges, on ne les eût point épargnés. Il n'y a que le temps qui a manqué : tout cela ne se faisait nullement en haine de la révolution, mais pour se mettre en harmonie avec les gouvernements étrangers et leur ôter tout prétexte de qualifier la France de révolutionnaire. La révolution ayant produit un empereur, elle était finie : il n'y avait plus qu'à maintenir la division des propriétés, contre laquelle heureusement il n'avait aucun intérêt à revenir. Entrant par là dans les vues morales de la réédification à laquelle il se livrait, il attaquait indirectement l'effet moral de la révolution, et donnait aux gouvernements qui l'entouraient, la garantie d'ordre et de sécurité dont ils avaient tant besoin, après toutes les inquiétudes que nous leur avions données.

Pour le prouver, il suffit de voir, quand il pénétrait dans leurs états, quelle réserve il mettait vis-à-vis des peuples : aucune doctrine subversive, aucune idée propagandiste; il mutilait les gouvernements qui le contrariaient, mais il n'enseignait pas aux peuples à se révolutionner; les révolutions lui étaient plus odieuses qu'aux anciens rois: par cela que nous étions plus rapprochés de celle qui l'avait produit, il se prémunissait avec soin contre toute autre; Français ou étrangers soupçonnés d'avoir quelques idées qui s'y rattachaient directement ou indirectement, encouraient cette qualification d'idéologues, dont il couvrait les hommes qui s'écartaient tant soit peu de la voie qu'il avait ouverte.

Aussi, en 1814, la noblesse de sa création, formée avec une partie de l'ancienne, comptant dans son sein les militaires qui avaient encore les armes à la main, les fonctionnaires civils les plus élevés, les propriétaires les plus aisés, fut ménagée. Un article spécial conserva ses titres et, pour que chacun eût une part, autorisa l'ancienne à reprendre les siens. De cette manière nous eûmes deux noblesses au lieu d'une : la difficulté de les reconnaître et de vérifier les titres qui pullulent en aussi grand nombre, surtout la crainte d'y voir rattacher quelques faveurs, quelque privilége sans lesquels le titre n'est rien, m'ont donné, lors de la révision du code pénal, l'heureuse idée de l'amendement sur lequel je n'espérerais pas aujourd'hui le même succès, de supprimer toute pénalité pour celui qui prendrait ou usurperait un titre de noblesse : manière douce, qui, sans rien ôter à ceux qui y attachent quelque prix, montre assez le peu d'importance que la loi y attache, puisqu'elle ne prononce aucune peine contre ceux qui jugent à propos de se qualifier : c'est le souvenir que je garderai de ma carrière législative; puisse le pays s'en féliciter.

La charte de 1830 n'a rien changé, il est vrai, à celle de 1814, mais il n'en résulte nullement qu'il y ait en France une noblesse ; il y a des qualifications qui ne peuvent pas même être représentées dans la Chambre des Pairs. Le privilége d'y siéger est le seul qui distingue un membre des autres citoyens : on n'est pas plus noble parce qu'on porte un titre, qu'on ne porte un titre parce qu'on est noble.

Au reste, partout où le gouvernement est établi avec deux Chambres, mais où il y a une Chambre de sénateurs ou d'anciens, cette Chambre, fonctionnant comme la Chambre des Pairs, formée comme elle d'individus pris dans l'ensemble général de la société, sans aucune condition qui les rattache à la noblesse, remplit absolument les mêmes fonctions que la Chambre des Pairs. Évidemment elle n'y représente pas la noblesse s'il n'y en a point, ou si les lois l'ont supprimée ; notre Sénat en est un exemple ; formé alors qu'il n'y avait et ne pouvait y avoir de noblesse, il n'a pas été métamorphosé en corps représentant la noblesse, alors qu'il n'en existait point, ou quand il n'a reparu que des titres qui n'ont pas un intérêt positif à être représentés.

§ III.

Maintient-elle l'équilibre?

Si la Chambre des Pairs ne représente pas la noblesse, est-elle plus appelée à maintenir l'équilibre entre les deux autres branches?

Si l'équilibre n'existe que quand il y a deux forces égales, il ne se présentera jamais chez nous.

Les luttes qui peuvent faire perdre l'équilibre ne s'élèveront pas sur des théories ou des systèmes, mais seulement dans les Chambres législatives.

Or, quand les propositions viennent du gouvernement, si la Chambre élective les adopte, il n'y a pas bascule entre deux forces contraires : étant d'accord, il n'y a pas manque d'équilibre.

Si la Chambre des Députés la rejette, l'autre chambre n'a plus rien à y faire, elle n'a plus par conséquent à maintenir l'équilibre.

Quand la loi est portée d'abord aux pairs, même raisonnement : si elle est adoptée, c'est à l'autre Chambre à maintenir l'accord ou à le rompre; elle fait aussi en ce cas l'office de médiatrice : si le projet y est rejeté, loin de rétablir l'équilibre, la Chambre des Pairs le rompt. Ne sachant pas si elle eût été admise à la Chambre des Députés, on ne peut pas dire qu'elle rétablit l'équilibre, puisque les deux forces n'ont pas été en présence. Il

en est de même lorsque les propositions sortent de
l'une ou de l'autre des Chambres. Évidemment ,
chacune a un droit propre et absolu , chacune
l'exerce comme elle l'entend , chacune contribue
également à la pondération des pouvoirs ; la Chambre des Pairs n'est jamais appelée à équilibrer ,
parce que s'il y a dissentiment entre les deux autres branches, la loi ne lui étant plus portée , elle
n'a pas à départager.

Le raisonnement n'a quelque chose de spécieux
qu'en théorie.

On suppose que tout gouvernement a sa tendance à l'absolutisme , comme toute Chambre
élective a sa tendance démocratique ; que , dès
lors , la Chambre des Pairs, se plaçant au milieu ,
tempère l'un et l'autre.

Mais , si chaque pouvoir se ressent ainsi de son
origine, il faut convenir que la Chambre des Pairs
ne sera guère disposée contre le ministère qui l'a
créée dans son ensemble, qui la repeuple dans ses
parties ; qu'elle ne le sera pas plus à prêter appui à
la Chambre élective , avec laquelle elle a si peu
d'analogie.

§ IV.

Corps destiné à toutes les illustrations.

Ce quatrième point de vue a quelque chose
de plus vrai que les trois autres : dans les
pays où cette Chambre haute se trouve établie,

comme en Angleterre, en Suède, en Espagne, en Portugal, les nobles, les riches d'un pays se sont emparés de la représentation qu'ils ont voulue pour eux-mêmes, au lieu de la confier aux élections populaires. Nos trois anciens ordres sont le type de la représentation que chacun d'eux voulait pour son propre compte : la noblesse, ni le clergé, ne venaient là pour prêter secours à autrui, mais bien pour faire valoir leurs prérogatives et immunités : ils s'inquiétaient peu des collisions qu'ils pouvaient établir avec le tiers-état ou les communes ; ne pouvant ressaisir leur ancien pouvoir, ils ont consenti à se fondre dans une Chambre où ils ont pris la première place : on a dénaturé le nom de Sénat en celui de Chambre des Pairs, nom plus monarchique qui semblait adopté pour eux, et ôtait l'idée d'une Chambre préexistante, d'origine trop nouvelle pour qu'ils fussent honorés d'en faire partie. Aussi, les anciens sénateurs ne furent que conservés, et ne prenaient rang qu'après l'archevêque de Reims, l'évêque de Langres, celui de Châlons, et autres anciens ducs et pairs, au nombre de quarante-quatre, qui ont été autorisés à reprendre leur titre d'ancienneté.

Cette Chambre fut instituée en 1814 pour les illustrations de naissance et de titres.

Le prestige du nom et de la famille pouvait bien vivre encore dans l'esprit de l'ancienne noblesse, qui se croyait nécessaire à l'ancienne monarchie : mais après notre première, puis notre deuxième révolution, cette monnaie avait singulièrement perdu de son cours dans le pays, puisqu'elle y avait été remplacée.

Sans dépriser ce qui peut encore en rester, il faut convenir que tout n'est pas détruit : la famille se perpétuant toujours, les membres actuels s'honorent de ce que leurs ancêtres ont eu d'honorable ; mais quand, en 1814, le pays se trouva en face de l'ancienne noblesse, qu'il ne connaissait plus, et de la noblesse de l'empire, qu'il connaissait trop, la pairie releva-t-elle bien les anciens nobles qui n'avaient rien fait pour conserver l'illustration de leur nom ou de leur famille, et les nouveaux, dont les récents et complaisants services avaient tant contribué à la perte de l'homme qui les avait élevés, et qu'ils venaient de sacrifier pour se sauver ?

Les premiers coups de nos deux révolutions abattirent cette illustration comme mensongère et usurpée : elle fut même parfois persécutée comme suspecte ; l'empire fit bien cesser la suspicion, mais il laissa les personnes dans l'état où la révolution les avait placées. En relevant cette nouvelle noblesse, il confirma le renversement de l'autre, et n'y puisa que les individus qui voulaient se retremper dans l'ordre nouveau.

Un quart de siècle avait passé sur cette situation, qu'on regardait comme consommée. La restauration essaya bien de la refaire en reproduisant les anciens nobles ; mais comme ils avaient

été vus de trop près, et dans des conditions peu
favorables, elle ne put leur rendre que les titres
reçus ou accaparés par leurs aïeux. La nouvelle
noblesse, qui croyait qu'elle venait d'acquérir les
siens, se contentait d'une participation commune.
Aussi, avec l'hérédité, elle pensait qu'à la
deuxième ou troisième génération, les deux noblesses eussent fini par se niveler; alors, elles
n'eussent plus rien eu par elles-mêmes, mais
seulement par l'hérédité; du tout, il ne fût resté
qu'un nom ou qu'un titre, qui, quelque mérité
qu'il fût pour le fondateur, était le même pour le
descendant du dixième comme pour celui du premier degré. Si l'on peut dire que l'hérédité sti-
mule souvent l'éducation de l'enfant appelé à
prendre place dans un grand corps délibérant, il
n'en était pas de même pour notre ancienne noblesse, qui n'avait aucune mission spéciale à remplir, et qui, avec son nom seul, était destinée à
toutes. Entend-t-on l'illustration acquise par les
personnes dans les services civils ou militaires :
celle-là est indubitable, non qu'il faille l'attacher
à toutes les hautes fonctions, qui, souvent, ont
plus nui que profité aux personnes qui en ont été
investies : mais Sully, Colbert, Jean Bart, Turenne, Suffren, Voltaire, J.-J. Rousseau, Buffon, le
premier grenadier de France, La Tour-d'Auvergne,
Mirabeau, Cazalès, Vergniaud, Hoche, Marceau,
Desaix, Bonaparte, après ses campagnes d'Italie,
La Rochefoucault-Liancourt, Lafayette, ont-ils eu

besoin d'entrer dans une Chambre des Pairs pour avoir leur illustration ?

Après avoir dignement servi son pays, reste-t-il autre chose à y ajouter que la reconnaissance de ses concitoyens? Le choix qu'ils feraient de lui pour la Chambre des Députés, ou une autre Chambre élective, ne couronnerait-il pas dignement ses services vis-à-vis des cours étrangères elles-mêmes? Cette double investiture ne lui donnerait-elle pas un lustre égal à celui qu'il tirerait de toute autre nomination? Quoi de plus naturel, que celui qui a été honoré par le gouvernement d'une haute fonction, continue à en recevoir une autre? N'a-t-on pas vu fréquemment que les cas dans lesquels il encourait la défaveur ministérielle étaient ceux qui recevaient des adoucissements et des consolations de la part de ses compatriotes? De même qu'il est des honneurs qui flétrissent, il est des disgrâces qui honorent. Les gouvernements, jusqu'à ce jour, ont été peu disposés à le croire; ils ont toujours attribué à l'esprit de parti les honneurs rendus au citoyen disgracié; ils se sont presque toujours trompés dans cette croyance d'illusion. Ces hommages rendus ont toujours pour cause l'approbation de la conduite du disgracié et le blâme de la mesure ministérielle, double effet qui n'est produit que par l'affinité des opinions ou des sentiments des personnes qui jugent l'événement : affinité qui, pour tout ministre éclairé, devrait toujours être un utile avertissement. Aujourd'hui, il ne suffit plus d'être porté sur une élévation, il faut être élevé par soi-même : l'illustration s'attache aux actes. Si, aux services plus ou moins éclatants, le Français, qui a été assez heureux pour être à même de les rendre, y joint la reconnaissance de son pays, et, de plus, la nomination de son gouvernement à un poste ou à une négociation importante, ne se présentera-t-il pas, au milieu de ce triple cortége, avec tous les avantages qu'il est possible de réunir ? Avoir été appelé par le gouvernement à une fonction, être placé par lui à une Chambre des Pairs, puis nommé encore à une ambassade, c'est toujours la même source. Jeffries, en Angleterre, Polignac, en France, n'eussent pas manqué d'obtenir, sous leur gouvernement, la continuité, l'accroissement, s'il eût été possible, des faveurs. Quel éclat leur personne et leurs services n'eussent-ils pas reçu, si la voix nationale les eût proclamés dans la nomination intermédiaire ? Le gouvernement n'a-t-il pas, par là, plus de certitude dans la justice de ses récompenses ? En se voyant confirmé dans son premier choix, n'est-il pas autorisé, même excité, à en faire un deuxième ? L'homme, tout à la fois décoré par le prince et par la reconnaissance publique, ne se présente-t-il pas à l'étranger avec plus de confiance et plus de poids vis-à-vis des corps ou des puissances avec lesquels il traite ?

Les gouvernements qui , pouvant se passer de ce corps, alors surtout qu'il n'est qu'une collection de vieux titres puisés dans l'ancienne nomenclature nobiliaire, ou dans la retrempe qu'en a faite un gouvernement républicain , qui a passé tout à coup au monarchique absolu , alors qu'il n'a été qu'un corps détaché de toute sympathie populaire , puisqu'il a continuellement reçu tous les ministres disgraciés, les préfets ou autres agents de la force publique qui, dans leur administration ou dans des collisions, ont plutôt aigri que calmé les passions ; les gouvernements qui élèvent ainsi une institution n'ayant aucune racine dans le pays, aucune influence morale sur sa direction, se créent un embarras et non un appui.

Notre gouvernement actuel n'a point commis cette faute, puisqu'il a été obligé de prendre la création consulaire de l'an VIII, et l'addition de 1814. En plaçant dans la république un sénat qui , comme à Rome, pouvait si bien s'encadrer dans un empire, il n'est plus permis de douter que les machinateurs de cette constitution n'aient eu dès lors des vues d'avenir ; cette chambre sénatoriale les réalisa trop bien dans le gouvernement absolu qu'elle contribua tant à élever : ce sénat cependant était appelé conservateur, parce que, placé en haut de tous les pouvoirs, il devait veiller à leur conservation : il était, dans l'opinion de *Sieyès* qui l'avait conçu, ainsi que nous l'atteste Rœderer, *un grand juge conservateur en permanence :* ce sénat, chargé de titres, d'honneurs, de pensions, devint l'agent le plus actif de la destruction des pouvoirs à la conservation desquels il était préposé. Il avait déjà plusieurs fois mis la main à l'œuvre, mais par des sénatus-consultes qu'il appelait *organiques de la constitution*, il la bouleversait de fond en comble. Il en ajouta tant et tant, qu'en 1814 il succomba avec ce gouvernement qu'il n'avait pas su préserver des écueils au milieu desquels il le laissa périr.

Ce pauvre pays de France, accablé d'un million d'étrangers par lesquels l'homme qui les avait tant de fois vaincus fut vaincu à son tour, n'eut qu'à subir sa destinée. Il paya sa trop grande soumission au gouvernement qui s'était impatronisé au bruit de la victoire; il paya le prix de son courage; il paya un milliard et demi pour les sinistres amenés par un général imprudent et par une force majeure au-dessus de toute vaillance humaine; il paya 30 millions de dettes à ses princes, 32 millions pour leur liste civile, un milliard pour satisfaire l'émigration; il continua de payer l'ancien sénat et l'ample part de butin que ce corps s'adjugea; il accepta la métamorphose en pairie, avec l'addition des ducs et pairs de l'ancienne monarchie; il accepta la conversion de pairie viagère en pairie héréditaire : il paya toujours, et pour unique prix de tant de sacrifices et de résignation, il accepta comme gage d'avenir le traité de conciliation qui lui fut présenté par

Louis XVIII, traité que son successeur eut la faiblesse de laisser attaquer, ce qui plaça immédiatement la France sous la pairie actuelle, et détermina les changements dont nous allons nous occuper, après un examen rapide de celle de nos voisins.

CHAPITRE VI.

Coup d'œil sur la pairie anglaise.

Quoique la pairie d'Angleterre n'ait pas avec notre pairie actuelle beaucoup d'analogie, il n'est pas sans intérêt d'être mis à même d'en saisir les principaux rapprochements, et les causes qui ont concouru à leur formation.

La Chambre des Pairs y compte beaucoup de membres du haut clergé ; l'aristocratie, quoique n'y étant, pour ainsi dire, que nominale, y a cependant, en fait, une bien grande consistance : elle ne ressemble à celle d'aucun autre pays ; elle ne vit pas comme ailleurs aux dépens de la démocratie ; elle en est plutôt la patronne et la protectrice que l'ennemie.

La Chambre des Communes n'en diffère presque que par son origine : les élections, jusqu'à la réforme, ramenaient toujours une très-grande majorité aristocratique ; des familles de pairs avaient beaucoup d'élections presque à elles directement, et une très-grande influence sur plusieurs autres : les cadets de ces familles prenaient place dans la Chambre des Communes, de sorte qu'à vrai dire, il y avait autant d'aristocratie dans l'une que dans l'autre.

Depuis la dernière réforme, le changement est peu sensible : elle a porté principalement sur les bourgs pourris ; elle a bien augmenté le nombre des électeurs, et par là affaibli l'influence directe des grandes familles ; mais elle a laissé subsister ce qui ne s'effacera de longtemps : les mœurs du pays, le respect, les égards que le peuple a pour les grandes notabilités de fortune et de noms.

Ainsi, par exemple, le bourg de Liskeard, celui de Saint-Germains, avaient chacun deux députés à nommer : le premier avait 1,975 habitants et 105 électeurs ; le deuxième, 2,139 habitants et 6 électeurs.

Lord Saint-Germains était électeur de fait de ces quatre députés.

Le bourg de Lintagel a 730 habitants et 30 électeurs, 1 député.

Celui de Lost Withiel, 875 habitants et 24 électeurs, 2 députés.

Celui de Phlympton, 715 habitants et 210 électeurs, 2 députés.

Lord Edgecumbe en était l'électeur de fait.

La famille Buller, dont le chef même n'était pas pair, nommait de fait six députés dans les bourgs de Saltash, Castloe et Vestloe, dont les électeurs étaient pour le premier de 36, pour le deuxième de 50, et pour le troisième de 55.

Cela n'empêche pas qu'au commencement de chaque session, la Chambre des Communes prend la résolution, qu'aucun pair du royaume n'a le droit de donner sa voix dans l'élection d'un député, ce qui fait dire à Blackstone qu'il serait dangereux que les pairs intervinssent dans les élections des membres de la Chambre des Communes, et exerçassent par ce moyen le droit de taxer le peuple.

Le droit d'élection appartient dans ces bourgs à un petit nombre de chefs de famille, dont les voix sont nécessairement à la disposition du propriétaire de la terre : plus le nombre est restreint, plus aisément il le dirige ; aussi on a vu qu'après incendie d'un bourg, le seigneur s'opposa à sa reconstruction. Si la terre venait à se vendre, on ne manquerait pas d'annoncer qu'elle a droit d'envoyer deux députés au parlement ; le plus souvent on déguise cette annonce sous les expressions de *précieux avantage attaché à la terre*, ou même *prérogative désirable de nommer à des places dans une certaine assemblée.*

La couronne possède elle-même plusieurs de ces espèces de bourgs : la réforme a bien étendu le cercle électoral et augmenté un peu le nombre des électeurs ; mais l'influence du grand propriétaire, sans être aussi immédiate, n'a pas cessé d'exister : au lieu de traiter uniquement avec lui, il faut encore recourir par supplément à quelques électeurs.

Voilà pourquoi, dans la chambre réformée, plusieurs prétendent qu'il n'y était pas entré trente députés qui n'y eussent également eu accès avant la réforme.

Écoutons ce qu'un Anglais, connaissant bien son pays, dont les journaux ont levé l'anonyme (*lord Brougham*), dit des Chambres d'Angleterre :

« Une majorité considérable de la Chambre des Communes est contre toute réforme : cette majorité, au fond de son cœur, hait le peuple ; ses craintes sont tournées contre tout progrès ; sa sollicitude est pour les ordres privilégiés ; le but de tous ses efforts est de maintenir les choses, autant que possible, dans leur état actuel, et de n'accorder d'autres concessions que celles auxquelles on ne peut échapper ni par la ruse, ni par la résistance. En fait, cette majorité ne diffère pas de la Chambre des lords, et toutes les fois qu'elle pourra le faire en sûreté, elle sacrifiera l'intérêt de ses constituants à cet allié naturel.

« Les lords ne s'opposent pas à la réforme quand ils craignent de compromettre leur existence dans cette lutte : le gros de la Chambre des Communes, une majorité de 100 membres au moins, laissera passer la réforme toutes les fois que la résistance pourrait empêcher leur réélection. En faut-il conclure que les lords sont favorables à toute espèce de réforme ? Rêve-t-on que 200 ou 250 membres de la Chambre des Communes aiment la réforme, parce qu'ils n'osent pas rejeter tous les bills qui la servent ? Ils la détestent au fond du cœur, pour elle, pour eux-mêmes, pour la Chambre des Lords qu'ils aiment réellement, et dans laquelle ils ont l'espoir de siéger un jour ; mais ils craignent le peuple autant qu'ils le haïssent. »

Cette Chambre des Communes est née avec cet esprit, et l'a toujours conservé : elle a en tout temps été l'aristocratie des cadets de famille et des immenses fortunes : la Chambre des Lords, si homogène avec elle, loin de la tempérer, ne fait que lui prêter force.

CHAPITRE VII.

La pairie conservée. — Autres rapprochements.

Dans les journées de juillet, on devait s'attendre que la pairie, composée d'un fond de sénateurs qui s'étaient précipités dans la restauration, et de créatures dévouées qui, successivement, y avaient été placées, se multiplierait sous toutes les formes pour écarter les dangers. Si la pairie avait eu quelque consistance, l'occasion était belle pour en tirer parti ; sa voix y eût résonné avec d'autant plus d'effet, qu'on n'en entendait aucune pour la défense de cette vieille monarchie qui semblait s'éteindre elle-même. Cette Chambre se jugea elle-même en n'apparaissant point; elle laissa d'autant plus de force aux assaillants, qui, ne rencontrant aucune résistance dans les corps institués constitutionnellement pour la soutenir, eurent un succès d'autant plus rapide.

Éclipsée dans les trois jours et dans ceux qui suivirent, quelques membres, à la tête desquels se trouvait le président actuel, se réunirent dans l'ancien local. Ils firent savoir à la Chambre des

Députés, le jour où elle revisait l'ancienne charte, qu'ils étaient en mesure de recevoir la nouvelle charte : ils épiaient le moment pour la saisir au passage et y mettre·leur attache. M. Pasquier et quelques assesseurs, dans un moment aussi diffi- cile pour eux, conservèrent le feu sacré : si, n'ayant pas déjà figuré dans l'acte de nomination du lieutenant-général, ils n'avaient pas paru non plus dans la charte, il était à craindre qu'il n'en sortît contre la Chambre des Pairs une abdication ou une déchéance. Les absents ont toujours tort ; ceux qui ont retrouvé leur place conservée doi- vent gratitude et remercîment à ceux à qui ils doivent cette conservation.

Dans la séance royale du 9 août, l'on vit paraî- tre quelques pairs qui n'avaient donné signe de vie dans les trois jours : ce jour, on entendit par- ler de leur adhésion.

Aussi, le lieutenant-général, s'adressant au président de la Chambre des Députés, lui dit : « Veuillez *lire la déclaration* de la Chambre; » ce qu'il fit : après quoi il la porta à S. A. R., qui la remit au commissaire chargé du département de l'intérieur.

S'adressant ensuite au président de l'autre Chambre, il lui dit : « Veuillez me *remettre l'acte d'adhésion* de la Chambre des Pairs. »

M. le président a remis l'*expédition* (1) entre

______

(1) Il est facile de voir la raison qui, à la demande·de l'acte

les mains de monseigneur , qui en a chargé le commissaire au département de la justice.

Ensuite, le lieutenant-général accepta les clauses et engagements que renferme *la déclaration*, et le titre de roi qu'elle confère.

Il jura ensuite d'observer fidèlement la Charte, avec les modifications exprimées dans *la déclaration*.

Voilà comment la pairie de la restauration a passé dans notre nouvelle monarchie : la France, en abattant aussi universellement qu'elle l'a fait l'hérédité, qui avait été réservée pour être examinée plus tranquillement dans la session suivante , a montré clairement, par les cris réprobateurs de toute succession d'aristocratie, cris qui ont éclaté presque partout, lors des élections de la Chambre qui devait prononcer, sa réprobation de tout corps héréditaire et privilégié. En cet état , la Chambre des Pairs, sans hérédité , sans noblesse , sans titre même , puisque là , comme ailleurs , aucune loi n'empêche d'en prendre , n'est plus en réalité qu'une Chambre qui, nommée par le ministère , n'en est, dans l'opinion, que la doublure législative.

Son dissentiment alors n'existera qu'avec la

---

d'adhésion, fit répondre par la remise, de l'*expédition*. Cet acte ne portait pas la signature des membres présents, ce qui eût constaté le nombre effectif, mais seulement celle des membres du bureau.

Chambre élective; si celle-ci représente le pays, au moins le corps électoral qui la nomme, il en résulte qu'elle peut devenir un obstacle fréquent à l'admission de lois sollicitées par un besoin public, qu'elle n'est pas toujours à portée de bien connaître : obstacle qui pourrait servir de mauvais desseins, et devenir un moyen légal d'échapper à la responsabilité d'un refus direct. Sans ce moyen de déguisement, le gouvernement, partie directe dans tout acte législatif, n'a pas besoin d'une Chambre des Pairs, puisqu'il a droit de rejet, même des lois que d'abord il avait proposées.

De toutes les objections ainsi réunies, il en résulte que la pairie, comme toutes les institutions humaines, renferme des inconvénients, mais que ces inconvénients devraient être mis en regard des avantages qu'elle peut produire; qu'il ne faut pas perdre de vue que la restauration n'avait pas table rase pour la former; qu'elle avait toujours été obligée de faire la part des temps et des circonstances; que notre gouvernement de juillet a, comme le précédent, été dominé par des nécessités qu'il n'a pu éviter; que tout ce qu'il a été possible d'obtenir alors a été le sursis à l'admission de l'hérédité, et que le triomphe obtenu par l'opinion est assez important pour qu'avec les autres redressements qui ont été votés on tâche de s'en contenter. Notre charte, d'ailleurs, est formelle; gardons-nous bien de ne pas respecter re-

ligieusement, même quelques dispositions criti-
quables en faveur de son ensemble, qui est
l'unique base sur laquelle peut se fonder notre
avenir.

En admettant que la pairie pourrait être regardée par certains esprits comme une bouffis-
sure; que les débris de l'empire et de la restauration puissent, au premier aspect, inspirer quelque
défiance sur l'efficacité de son concours au nouveau système, est-il possible de ne pas voir qu'un
grand nombre, obéissant à un sentiment d'honneur ou de reconnaissance, s'est associé volontairement à la déchéance de son légitime souverain ;
qu'une masse a été écartée par la charte nouvelle ;
que presque tous ceux qui sont restés étaient attachés à leur pays et non au malheureux roi qui
a été entraîné à le troubler ; qu'enfin, les promo-
tions nombreuses, qui ont été faites dans l'esprit
du gouvernement, forment de la pairie actuelle
un corps nouveau, avec lequel toutes nos institutions peuvent se consolider et prospérer?

Destinée à recevoir les notabilités qui, sans
cela peut-être, resteraient étrangères à la chose
publique, elle concourra, avec les capacités supérieures qu'elle renferme, à éclairer la discussion
des lois : deux Chambres étant reconnues nécessaires, elle satisfait amplement ce besoin. Il est
seulement à regretter que les améliorations introduites dans l'autre Chambre prêtent encore à
celle-ci un rapprochement qui, alors même qu'on

le passerait sous silence, n'en existerait pas moins, et que, par cette raison, il ne faut pas laisser sans explication.

N'est-il pas singulier que deux Chambres, instituées également pour les fonctions législatives, ayant deux sources si différentes pour leur composition, on exige des électeurs une garantie contre eux-mêmes, on impose à leur choix des conditions, et que les ministres en soient affranchis ?

Par le motif principal qu'il ne faut laisser arriver à la Chambre des Députés que des hommes sans intérêt personnel, et non soumis à l'influence du pouvoir supérieur, plusieurs classes de fonctionnaires en sont exclues (préfets, sous-préfets, receveurs-généraux , payeurs); ces conditions exclusives d'une Chambre deviennent, par l'exécution qui leur est donnée, presque appellatives pour l'autre. Dans l'une, les fonctionnaires amovibles y sont nommés par exception; dans l'autre, ils sont choisis à raison de cette position.

Les préfets en fonctions, toujours en rapport avec le ministère, continuellement soumis à son action, présenteront-ils au public l'idée d'une pleine liberté comme législateurs ? Si un préfet, à raison de ses actes, même en dehors de ses fonctions, attirait sur lui une plainte, quel moyen de l'atteindre quand, à l'article 75 de la loi de l'an VIII, il ajoute encore l'inviolabilité du pair et la juridiction de la pairie ? Aussi la restauration, tant pour l'opinion publique que pour la convenance de la pairie, déclara l'incompatibilité de la fonction fragile de préfet avec la dignité de pair.

Si les restrictions apportées à l'élection des officiers et procureurs-généraux, procureurs du roi, directeurs des contributions, des domaines, enregistrement et douanes, dans le ressort de leurs fonctions, ont pour motif, ainsi que pour les préfets, l'influence qu'ils pourraient exercer sur les électeurs, n'y a-t-il pas quelque raison analogue vis-à-vis des ministres dont ils ont déjà la confiance, et dont, par leur contact journalier, ils ont l'occasion fréquente de solliciter l'introduction à la Chambre des Pairs comme au Conseil d'État?

Ce qu'il y a de plus remarquable, c'est qu'il faut payer des contributions pour être nommé par ses concitoyens député, membre d'un conseil municipal, d'un conseil d'arrondissement, d'un conseil-général, pour être maire, adjoint; il faut même en payer pour avoir droit d'élire : la propriété est, dit-on, un gage d'ordre et de conservation; elle n'est plus considérée comme telle, il n'y a plus besoin de ce gage d'indépendance pour la Chambre des Pairs. Cependant, s'il faut avoir une existence propre pour être dans une Chambre, alors même que nos concitoyens nous y appellent, comment ne pas reconnaître la même nécessité pour l'autre?

Dira-t-on que c'est précisément parce que la propriété est une des conditions nécessaires pour une Chambre, qu'il ne faut pas encore la rendre nécessaire pour l'autre; que c'est parce que les fonctionnaires ne sont admis que par exception dans la Chambre des Députés qu'il faut les admettre facilement, et même par préférence, dans l'autre?

Mais ne serait-ce pas reconnaître que si la propriété, si l'absence de place indiquent l'indépendance, il faut le signe contraire pour être admis dans la Chambre des Pairs?

Ajoutera-t-on que c'est parce que la démocratie pénètre trop facilement dans la Chambre élective, qu'il faut admettre un contre-poids, ou faire arriver l'aristocratie dans l'autre?

Cette raison pourrait avoir quelque poids lorsqu'il y a lutte de deux classes distinctes et que tout est organisé pour faire arriver sans mélange la représentation de l'une à l'exclusion de l'autre; mais rien en France ne constitue ces deux classes : nous ne savons plus ce que c'est que l'aristocratie, puisque la dernière trace qui s'était réfugiée dans la pairie en a été extraite par l'article 23. Dès qu'il n'y a plus d'aristocratie, elle ne peut plus lutter que pour revivre.

Il y a bien, si l'on veut, une aristocratie de richesses aux prises avec la démocratie qui veut en avoir; cette distinction se trouve établie en tout pays : mais n'est-ce pas abuser de la chose et des mots que de voir la démocratie dans la Chambre des Députés et l'aristocratie dans la Chambre des Pairs, quand il faut être propriétaire pour être électeur, plus grand propriétaire quand il faut

être député, et qu'il n'est besoin d'aucune condition pour la Chambre des Pairs? Il faudrait même
dire qu'il y a impossibilité, avec ce qui est, de faire
de la Chambre des Députés une collection démocratique, et que tout est disposé pour cela dans la
composition de l'autre Chambre.

Sous l'empire, l'absence des fortunes fut une des
causes qui nécessitèrent un traitement de 36,000 fr.
pour chaque sénateur. Sous la restauration, elle
en détermina la continuation, puis les indemnités, les pensions, etc.

Aussi quel langage cette institution coûteuse
entendit-elle, quand le pays fut à même de s'expliquer? Cette cause n'existe heureusement plus
pour la pairie actuelle; à l'exception d'anciens
pensionnaires encore existants, la dernière disposition de l'article 23 de la charte, qui veut qu'à
l'avenir aucun traitement, pension, dotation, ne
puissent être attachés à la dignité de pair, aura
parfaitement assimilé sur ce point les deux Chambres.

Ce même article, en disant que les conditions
d'admissibilité à la pairie pourront être modifiées
par une loi, a bien tiré par là ces conditions, de
l'immobilité de la charte, pour n'y laisser, ainsi
que l'a justement et à propos observé M. le président Dupin, que la disposition abolitive de l'hérédité.

Les observations ci-dessus pour la nomenclature des fonctionnaires et l'exemption de contri-

butions, pourront donc, après un temps d'essai, amener tel correctif, telles améliorations ou changements que la législature jugera convenables : on peut même dès à présent déclarer si les dix ou cinq ans de fonctions doivent être antérieurs à la nomination de pair, et si cette dernière peut concourir avec l'autre, lorsqu'elle est aussi facilement révocable que celle d'un préfet, d'un conseiller d'État, d'un procureur-général, ou d'un commandant de division ou subdivision militaire.

Il y a seulement à dire que, sous quelque rapport qu'on envisage les catégories, elles forment une limite plus apparente que réelle : elles ont plutôt été introduites contre les ministres que pour eux. Elles peuvent être gênantes pour quelques affections particulières ; même, en excluant les fonctionnaires en activité dont est question ci-dessus, elles seront toujours le cercle dans lequel les choix seront faits, alors même qu'il ne serait pas tracé. On pourrait cependant, en remplacement, agrandir ce cercle, si on le juge convenable.

Les ministres déchus, même à raison de leurs faux systèmes, les députés qui ont succombé ou craint de succomber dans les colléges électoraux, ou qui n'ont pas voulu courir les chances d'élection et qui ont préféré le repos, seront, quoi qu'on fasse, les candidats naturels de la Chambre des Pairs. Leur expérience y sera plus utile que leurs anciennes opinions n'y pourraient être gênantes.

Enfin les choix sortis des divers régimes, dans les vues d'une aristocratie que nos mœurs repoussaient, ou par un autre motif que l'amour du pays et de nos institutions, ont été frappés des premiers coups de notre révolution de juillet : ce qui en est resté se compose d'hommes honorables qui n'adoptaient pas les écarts de l'ancien gouvernement, ou qui se sont ralliés franchement à celui que nous avons; ou, si on le veut encore, d'hommes qui regrettent la branche aînée, mais qui pour cela ne doivent pas être exclus des Chambres, parce que toutes les opinions doivent y être représentées.

La charte actuelle, les catégories qu'elle renferme, et qu'on peut rectifier à volonté, peuvent produire une bonne comme une mauvaise Chambre; c'est à l'attachement que nous porterons à nos institutions, à la volonté que nous manifesterons de les défendre, qu'il faut confier notre avenir et celui de la Chambre des Pairs; la sagesse royale fera le reste. Nous ne pouvons cependant nous empêcher d'émettre le vœu de laisser, autant que possible, les fonctionnaires à leurs fonctions. Les lumières, l'expérience qu'ils apportent aux Chambres, ne leur sont point exclusives : l'avantage qu'on en retire pour les Chambres se recueille au détriment de la fonction qui en est privée. La fonction principale est celle qui est rémunérée; tout homme qui touche un traitement doit le gagner ; il est nécessaire, puisqu'il est souvent unique dans sa fonction. Il ne fera jamais le même vide dans les Chambres, toujours assez nombreuses pour se passer de quelques-uns de leurs membres. Si le poste d'ambassadeur est difficile à tenir, pourquoi le déserter pendant cinq ou six mois, et le livrer à un homme sans caractère ? Que devient une préfecture privée de son titulaire plus de moitié de l'année, un parquet sans son chef ou un de ses membres, une division ou subdivision militaire sans son commandant, un tribunal ou une cour que plusieurs quittent durant toute la session, etc., etc. ? Les fonctionnaires de Paris qui essaient de biner avec les Chambres nuisent à l'un par l'autre ; mieux vaudrait laisser chacun au poste qu'il remplit bien, plutôt que de l'affaiblir en le plaçant dans plusieurs : il faut appartenir aux compagnies ou aux localités qui supportent ce cumul, pour en sentir tout l'inconvénient.

CHAPITRE VIII.

Attributions judiciaires.

En passant aux attributions judiciaires départies à cette chambre, les observations critiques
d'un autre ordre se présentent en foule.

Si la dénomination de Chambre des Pairs est
fausse, par la raison déjà dite qu'elle n'est pas
plus paire du roi ni de l'autre Chambre que celle-
ci ne l'est de ses deux participants législatifs, la
qualification de Cour des Pairs, quand elle se trans-
forme en cour de justice, n'est pas plus juste.
Rien ne le prouve mieux que les procès qu'elle a
jugés pour les ouvriers de Lyon, de Saint-
Étienne, etc., etc.

Assurément elle repousse toute parité avec les
mutuellistes, comme avec les sous-officiers de
Lunéville; dès lors pourquoi lui donner le nom
de *Cour des Pairs* ?

« La maxime que chacun doit être jugé par ses
pairs, dit M. *Pinheiro* en son *Cours de Droit public*,
1ᵉʳ vol., p. 368, a pris naissance en Angleterre à
une époque où la distinction des castes rendait

suspect à tout homme du peuple chaque individu de la classe aristocratique qui se serait érigé en juge dans les procès qu'un autre noble ou la couronne aurait pu lui intenter. Par la même raison, le noble appelé en justice ne pouvait que récuser comme suspect tout juge qui aurait appartenu au tiers-état ; car enfin la noblesse et la roture étaient, dans ce temps-là , encore plus qu'elles ne le sont aujourd'hui, dans un véritable état de guerre.

« Ainsi , au lieu de dire que chacun devait être jugé par des hommes de qui il n'aurait rien à craindre , ou, ce qui revient au même, qui fussent dignes de sa confiance , on a dit que chacun devait être jugé par ses pairs : pour que la phrase ait un sens vrai dans sa généralité , il ne faut pas l'entendre à la lettre , il faut remonter à l'esprit qui l'a fait admettre. Ce n'est pas à cause de la distinction des castes , mais bien de l'inimitié qui en était résultée, que chacun a voulu récuser ceux qui n'étaient pas ses pairs ; autrement, que la distinction des castes , des rangs , amenant des défiances réciproques , il est tout naturel que les membres de l'une ou de l'autre division craignent de remettre la décision de leur fortune , de leur honneur, et peut-être de leur vie, aux membres de la division opposée. »

L'expression est encore plus impropre quand il y a demandeur et défendeur, plaignant et accusé, qui ne sont pas pairs entre eux : à quelque justice que l'on s'adresse, l'une des parties ne sera jamais jugée par ses pairs, et comme, dans l'ancien régime, le premier privilége était de faire juger le privilégié par ses pairs, le simple citoyen était sacrifié. Cette maxime, tout injuste qu'elle soit quand on en fait l'application à l'antérieur de notre révolution, porte la même injustice, non pour tous les cas, mais pour ceux qui restent encore réservés à cette Chambre. De même que les pairs crieraient à l'iniquité dans le cas où, pour quelque crime politique que ce soit, on les livrerait au jugement d'ouvriers, d'écrivains, de journalistes, pourquoi refuserait-on à ceux-ci les mêmes accusations lorsqu'ils sont arrachés à leurs juges naturels pour être soumis à des hommes dans des positions sociales et de fortune qui les tiennent si distants des accusés? De même que le noble a juste raison de récuser le roturier, celui-ci a le même motif de récuser le noble.

C'est encore bien plus fondé lorsque les hommes du peuple poursuivis par les ministres sont jugés par les hommes que les ministres ont délégués, et lorsque les juges ne puisent leur pouvoir que dans une *indication de juridiction*, en mettant de côté la restriction qui y est annexée.

En effet, l'article 28 de la charte dit bien que la Chambre des Pairs connaît des crimes de haute trahison et des attentats à la sûreté de l'État; mais il ajoute, *qui seront définis par une loi.*

Or, on ne peut suivre l'indication de la pre—

mière partie sans attendre l'effet de la deuxième :
il n'y a pas moyen d'attribuer à la Chambre des
Pairs les crimes de haute trahison et les attentats
à la sûreté de l'État, sans avoir le texte clair et
positif de la loi qui doit les définir.

La définition en est d'autant plus nécessaire
qu'il y aura non-seulement à qualifier les faits caractéristiques de la haute trahison et des attentats
à la sûreté de l'État, à apprécier les éléments
vrais des uns et des autres, mais encore et surtout à combiner le tout avec les personnes qui
s'en seraient rendues coupables. La disposition de
la charte semble bien, au premier aperçu, donner
l'attribution, quels que soient les auteurs ; cependant le texte n'est pas assez explicite pour
que la loi faisant une distinction de personnes,
on puisse dire qu'elle contrevient à la charte.
Dans l'opinion même de ceux qui penseraient qu'il
ne reste qu'à définir les crimes sans s'occuper des
personnes, il y aurait tout au plus désaccord avec
l'esprit, et non avec le texte, puisqu'il n'ajoute
pas : « quels qu'en soient les auteurs ou quelles
que soient les personnes qui s'en seraient rendues
coupables. » L'ancienne rédaction, pas plus que la
nouvelle, n'ont cette précision ; dès lors que le
reproche ne porterait que sur l'esprit, toujours si
difficile à découvrir, il disparaîtrait bientôt devant
une interprétation des trois pouvoirs. Se fondant
sur l'expérience, et surtout sur la raison constitutionnelle clairement exprimée dans l'art. 53, « que

nul ne peut être distrait de ses juges naturels, » et encore dans l'art. 54, « qu'il ne pourra être créé de commissions et de tribunaux extraordinaires à quelque titre et sous quelque dénomination que ce puisse être ; » se fondant encore sur la division et l'indépendance des pouvoirs, qui ne permet pas qu'une chambre législative puisse jamais devenir une cour de justice pour les citoyens, l'opinion publique adoptera, n'en doutons pas, la juste interprétation.

Vainement invoquerait-on contre elle ce qui a été pratiqué par l'ancienne Chambre des Pairs : on répondrait qu'il n'y a aucun argument à tirer de la jurisprudence, puisqu'on y trouverait des exemples pour les deux opinions ; puisque d'ailleurs l'ancienne Chambre reposant sur de tout autres bases que la nouvelle, représentant, ou plutôt constituant par elle-même une aristocratie propre, il n'est pas étonnant qu'elle se soit attribué les droits d'une haute cour nationale : se tenant pour gardienne unique de la monarchie dont elle se regardait comme une des émanations essentielles, elle a interprété de manière à étendre plutôt qu'à restreindre ses pouvoirs politiques.

Avec les grands changements qui se sont opérés dans le gouvernement, dans la charte et dans les pouvoirs de la chambre actuelle, l'interprétation doit avoir lieu d'une manière différente : la nation a nommé son roi, elle ne s'en remettra à personne du soin de le défendre. C'est en elle,

en elle seule qu'il trouvera une force bien autre
que celle qu'il irait chercher dans une Chambre,
quelle qu'elle soit. Si Bonaparte, si Charles X
avaient su conserver cette force, auraient-ils été
renversés? L'ancienne Chambre serait aujourd'hui
une contradiction avec l'esprit et la direction
obligée de la nouvelle.

CHAPITRE IX.

Comment il faut expliquer la charte pour les attributions
judiciaires.

Examinons ce qu'il y a de plus raisonnable à
faire, et si on n'a pas trop facilement cédé à une
idée qui, n'ayant pas été assez analysée, a enve-
loppé dans ce qu'elle avait de raisonnable ce qui,
faute d'examen, ne l'était pas également.

Si l'on conçoit très-bien que des ministres,
chargés de la direction générale des affaires, et
qui n'ont pu commettre une faute sans qu'elle
fût sentie par tout le pays, ne soient pas livrés
aux tribunaux ordinaires, par la raison plus ou
moins fondée qu'ils pourraient rencontrer des
passions populaires, exerçant ou pouvant exercer
influence sur leur jugement ; si l'on conçoit que
les crimes dont ils peuvent se rendre coupables
seront toujours plus aperçus et mieux appréciés
par les Chambres, avec le concours desquelles ils
opèrent, sous les yeux desquelles ils se trouvent
immédiatement placés, par lesquelles ils sont sans
cesse contrôlés, on se rend parfaitement raison

de la justice de la disposition qui donne à la Chambre populaire l'accusation, à l'autre le jugement des ministres.

Il y a bien quelque élément de discorde de faire intervenir les deux Chambres pour un jugement sur des personnes ou des actes auxquels elles ont concouru, comme elles le font pour des théories ou des dispositions législatives qui ne portent que sur des généralités : néanmoins ces deux Chambres sont dans une position telle qu'elles doivent offrir aux accusés au moins autant de garanties que tous les autres juges ou jurés qui leur seraient donnés. Si l'on est porté à soupçonner l'indépendance de la Chambre des Pairs, c'est parce qu'elle est nommée par les ministres, qu'elle est peuplée de fonctionnaires et employés qui en dépendent ; mais cette dépendance n'existerait que dans les temps ordinaires ; ce ne serait d'ailleurs pas les ministres accusés qui pourraient s'en plaindre, le pays seul aurait à en redouter l'effet : voilà bien certainement une raison de douter de l'utilité de la juridiction ; mais il reste encore assez de raisons de décider, pour qu'on ne se livre pas à une dissertation sur un point qui n'est pas attaqué, qui le serait d'ailleurs inutilement, puisqu'il est nettement décidé non par l'article que nous examinons, mais par l'art. 47, qui accorde textuellement à la Chambre des Députés le droit d'accuser les ministres et de les traduire devant la Chambre des Pairs, qui *seule* a celui de les juger.

Les objections ne naissent qu'alors que l'on veut étendre la juridiction accordée sur les ministres, à toutes les personnes accusées de haute trahison. C'est ici que, quittant le texte de la charte, il ne s'agit que de réglementer l'art. 28 :

1° Qualifier les crimes, ou déterminer les caractères de la haute trahison et des attentats à la sûreté de l'État ;

2° Quelles sont les personnes qui, accusées de ces crimes, seront jugées par la Chambre des Pairs.

La première partie, étant purement théorique, sera facile à fixer : le chapitre 1er, livre 3, du code Pénal, fourmille de dispositions qu'il n'y aura qu'à prendre ou à réduire. Cette partie d'ailleurs est purement pénale ; elle est hors de la controverse, qui ne s'élève que pour la juridiction de la Chambre des Pairs ; il n'y a donc pas à s'en occuper ici.

Si aux ministres on veut ajouter les membres de l'une ou de l'autre des Chambres, les objections surgissent en foule : elles deviennent des impossibilités, même des inconstitutionnalités ; car la charte n'est pas toute dans l'art. 28, lorsqu'on tenterait de l'étendre à tous les citoyens.

Les membres de la Chambre des Députés ne peuvent sous aucun rapport, et pour aucun crime ni délit, être justiciables de la Chambre des Pairs ; il n'y a pas à s'en occuper.

Quant aux membres eux-mêmes de la Chambre,

nous ne pouvons découvrir aucune juste raison de déplacer la justice ordinaire pour la transporter dans une Chambre légisiative et la mettre ainsi dans le cumul de deux pouvoirs que la charte a soigneusement divisés.

Si c'est en vertu de la maxime, que chacun doit être jugé par ses pairs, cette maxime, qui n'a plus rien de ce qu'elle avait lorsqu'elle a été établie, puisqu'elle était faite pour secourir la démocratie contre l'aristocratie, aussi bien que pour secourir celle-ci contre la première, est aujourd'hui sans force ; elle se réduit en France à une insignifiance qui ne peut, en aucune circonstance, recevoir application dans une société où tous les rangs sont égaux, où toutes les classes sont fondues en une seule de citoyens égaux en droits.

S'il y avait quelque raison de s'écarter du droit commun et des diverses dispositions du droit constitutionnel, en admettant que cette justice fût une faveur, et offrît plus de garantie, quelle raison y aurait-il de la refuser à une multitude de citoyens notables, qui se trouvent par leurs fonctions, leurs titres ou leur position, au niveau des pairs ? Ainsi, l'ancien ministre, les magistrats des grandes cours souveraines, les maréchaux de France, les officiers-généraux, les ambassadeurs, préfets, etc., ne viendraient-ils pas réclamer la faveur que la raison de la loi, si ce n'est son texte, devrait leur assurer ?

Si le pair a commis le crime hors de ses fonctions, il n'y a aucun prétexte d'en appeler à ses collègues, et de fatiguer la Chambre législative d'accusations et de débats qui lui sont étrangers : c'est bien ici qu'il faudrait craindre, surtout en matière politique, et la nature de ces crimes n'y est jamais étrangère, de rencontrer des opinions toutes faites, qui seraient, dès l'abord, amies ou ennemies, et qui pourraient devenir odieuses ou excusables, suivant que l'accusé appartiendrait à la majorité ou à la minorité ; suivant, surtout, que les faits auraient eu plus ou moins de réussite, et se rattacheraient à un but plus ou moins désiré, plus ou moins redouté, suivant la position de chacun.

« La liberté politique, dans un citoyen, est cette tranquillité d'esprit qui provient de l'opinion que chacun a de sa sûreté : et, pour qu'on ait cette liberté, il faut que le gouvernement soit tel, qu'un citoyen ne puisse pas craindre un autre citoyen.

« Il n'y a point de liberté, si la puissance de juger n'est pas séparée de la puissance législative et de l'exécutrice : si elle y était jointe, le pouvoir sur la vie et la liberté des citoyens serait arbitraire, ou le juge pourrait avoir la force d'un oppresseur.

« La puissance de juger doit être exercée par des personnes tirées du corps du peuple ; il faut même que, dans les grandes accusations, le criminel, concurremment avec la loi, se choisisse des juges, ou, du moins, qu'il en puisse récuser un si grand nombre, que ceux qui restent soient censés être de son choix.

« Il faut que les juges soient de la condition de l'accusé, ou ses pairs, pour qu'il ne puisse pas se mettre dans l'esprit qu'il soit tombé entre les mains de gens portés à lui faire violence.

« Les grands sont toujours exposés à l'envie : s'ils étaient jugés par le peuple, ils pourraient être en danger, et ne jouiraient pas du privilége qu'a le moindre des citoyens dans un état libre, d'être jugé par ses pairs. »

Ce dernier motif s'applique à un pays partagé en classes tout à fait distinctes, inégales en droits et divisées d'intérêts ; il est presque sans force dans une société comme la nôtre, où il n'y a que des citoyens ayant les mêmes droits. Néanmoins, l'art. 28 ne décide pas la question : ne s'occupant que des crimes de haute trahison et d'attentats à la sûreté de l'État, il n'établit rien de particulier pour les pairs ; ils sont, comme tous les autres citoyens, soumis à la juridiction spécialement établie pour les deux sortes de crimes prévus.

C'est l'article suivant qui prononce : en voulant qu'aucun pair ne puisse être arrêté que de l'autorité de la Chambre, et jugé que par elle en matière criminelle, il enlève chacun de ses membres à la justice ordinaire; il donne à un pair d'autres juges que ceux que la loi institue pour tous les citoyens. Cet article est trop formel pour qu'il soit possible de l'interpréter ; il est d'ailleurs étranger à la question que nous examinons pour tout autre qu'un pair. Il est indubitable que si l'art. 28 laissait le moindre doute sur l'attribution qu'il donne à la Chambre des Pairs vis-à-vis de ses membres, l'art. 29 n'en permettrait aucun ; dès qu'ils doivent être jugés par leur Chambre en matière criminelle, il n'y aurait pas de motif de leur enlever cette juridiction pour les crimes énoncés dans l'art. 28. Si la charte est claire pour les membres de la pairie, il n'en est point ainsi pour les autres citoyens : l'art. 29 établit une justice spéciale pour les membres de la pairie ; l'art. 28 n'est pas à beaucoup près aussi explicite pour les autres citoyens ; il parle bien des crimes, mais non des personnes : s'il a fixé la compétence pour ces crimes, il s'est réservé de la déterminer pour les personnes.

CONCLUSION.

Le coup d'œil jeté sur la Chambre des pairs n'a nullement pour objet la critique, mais seulement les explications que nous avons crues nécessaires pour faire comprendre cette institution, après l'avoir un peu analysée, et détruire, au moins affaiblir les imputations auxquelles elle est journellement exposée par sa propre organisation.

Quelque discordante que soit sa dénomination *de pairie* avec nos mœurs actuelles, ne la regardons que comme un nom qui ne s'accorde comme tant d'autres, ni avec son étymologie, ni avec sa signification première, et qui fait nom nouveau, comme la chose elle-même. Adopté d'ailleurs dans ce dernier sens par notre charte, il n'y a rien à changer.

Il n'en est pas de même de l'exemption des contributions, ni de la nomination des fonctionnaires inéligibles dans une Chambre, et éligibles dans l'autre, non plus que des incompatibilités avec l'activité de certaines fonctions amovibles : la réserve consacrée dans l'art. 23 de la charte, permet d'étendre ou restreindre les conditions d'admissibilité ; le disparate sera redressé aussitôt que le besoin s'en fera sentir.

La Chambre des Pairs n'ayant ni l'hérédité, ni l'élection populaire, il n'est plus possible de lui rendre la première, qui formait la seule question réservée ; on pourra examiner plus tard si on ne pourrait admettre la deuxième, avec toutes les conditions ou modifications que les trois branches législatives conviendraient d'y introduire. C'est là une question trop importante pour qu'il soit permis de l'effleurer, et de le faire surtout, avant qu'une plus longue expérience ait mis à même de ne décider qu'en grande connaissance de cause

On peut néanmoins reconnaître dès à présent que tant qu'elle ne se présentera que comme un composé ministériel, destiné à agir dans l'intérêt qui l'a fait élire, elle ne saurait prendre trop de précautions pour se soustraire aux préventions que son organisation fait naître aussi naturellement. On ne peut pas perdre le souvenir qu'elle succède à l'ancien *Sénat Conservateur*, qui n'avait rien su conserver ; à la pairie de la restauration dont les actes les plus honorables d'indépendance n'ont pu couvrir les désavantages résultant de l'assemblage de pairs, cardinaux, évêques et archevêques avec les débris de l'émigration qui l'ont envahie.

L'ancien sénat doit faire oublier des services trop aveuglément rendus : la pairie de la restauration s'est aussi méprise, quand elle a regardé qu'elle était replacée par le même droit de légitimité que la famille régnante ; que comme elle, malgré qu'il n'y eût aucune analogie, elle devait être couverte du manteau de l'hérédité, avec la classification, sur différents bancs, des divers degrés de noblesse, ce qui faisait tout de suite mentir, même entre eux, la qualification de pairs, puisqu'ils avaient des rangs inégaux.

La Chambre actuelle, contemporaine de ce qui s'est passé dans notre révolution de juillet, sentira la nécessité de se soumettre sans réserve à l'abolition qu'elle a consentie dans l'art. 23. Elle ne doit jamais oublier la réprobation universelle qui s'est manifestée dans la presque totalité des collèges électoraux qui nommaient les députés appelés à prononcer en 1831 sur l'hérédité. Le bon sens public a senti que, malgré l'avantage d'indépendance qui en résultait, l'hérédité était un privilége de naissance, qui bien que réservé dans la charte octroyée, était contraire à l'esprit comme au texte précis de ce grand pacte qui enleva les suffrages, par la reconnaissance que tous les Français étaient égaux en droits et également admissibles à tous les emplois civils et militaires.

Il n'est pas permis de douter que, hors de l'hérédité indispensable pour la royauté qui ne peut être élective sans cesser d'être, celle qu'on admettrait pour une Chambre législative, étant purement volontaire, serait une protestation continue contre le grand principe d'égalité, base fondamentale de la charte, principe qui ne peut, sans contrainte ou sans déviation, reconnaître des législateurs par droit de naissance; que les sociétés où cela se pratique ainsi, sont homogènes avec leurs gouvernements établis sur les priviléges de toute sorte; ou en ont fait, comme chez nos voisins, une condition au pouvoir royal pour le rivaliser, et se mettre à l'abri de son influence.

Les regrets tout naturels des anciens pairs qui ont été en possession d'une hérédité abolie, les désirs qui pourraient naître parmi les nouveaux membres, moins dans un intérêt personnel que dans la vue d'obtenir une indépendance qu'ils semblent ne pas avoir, ne doivent jamais leur faire perdre de vue les dangers qu'il y aurait de tenter la reprise d'un privilége héréditaire, aussi énergiquement repoussé, parce qu'il laissait supposer l'intention de l'étendre à d'autres cas plus ou moins analogues.

La Chambre des Pairs, à la hauteur de l'élévation où les illustrations qui la peuplent l'ont placée, sentira que ses discussions doivent être un enseignement de doctrines constitutionnelles qui éclaireront le pays et feront taire les soupçons qui s'étaient, indûment peut-être, répandus sur l'ancienne pairie.

Le gouvernement de son côté doit chercher à y placer autant que possible des noms populaires que le pays aimera à rencontrer. Il faut y laisser la plus grande latitude à toutes les controverses ; elles ne seront jamais dangereuses dans cette enceinte : elles fortifieront le pouvoir lui-même, si elles fortifient la Chambre ; plus les discussions s'accorderont avec le véritable sentiment national, plus elles rattacheront d'opinions au gouvernement qui sera réputé les encourager : quelques décisions qui satisferont les besoins publics montreront la sincérité et ramèneront l'opinion.

C'est encore en la soulageant d'un fardeau judiciaire qui l'écrase : en restreignant plutôt qu'en étendant, avec la loi réglémentaire qui doit intervenir, les attributions indéterminées de l'art. 28 de la charte ; il faut éviter de la faire apparaître trop fréquemment comme cour de justice ; n'intervenant que dans les grands crimes d'État, où les opinions politiques s'agitent toujours, elle est exposée à la critique, quelque bonne justice qu'elle ait cru rendre : il faut soigneusement éviter de laisser penser qu'elle n'accomplit pas, ou qu'elle accomplit mal sa mission législative, qui est et doit être sa principale fonction, si elle n'en est pas l'unique.

Il faudrait qu'à l'exemple de nos voisins, elle parvînt à se placer comme la patronne des intérêts nationaux et populaires, autant que de la charte et de la famille qui doivent toujours être identifiées.

VÉNALITÉ DES CHARGES.

CHAPITRE PREMIER.

Comment le monopole de certaines charges a été rétabli.

Les mots, privilége d'exercice de charges ou offices, monopole exclusif, portent tellement leur signification, que nous n'avons rien à dire pour les faire comprendre. Notre première révolution ayant eu pour une de ses causes principales, non la radiation de ces mots, mais la cessation absolue de leurs effets, il est resté dans l'esprit de chacun, que privilége, monopole, inhérents à un mauvais régime, puisque toute la nation s'est élevée presque spontanément pour les détruire, ne devaient point appartenir à un régime nouveau, dans lequel il ne fallait pas introduire les vices de l'ancien. La loi du 4 août 1789 fait foi de l'empressement que mit la Constituante à extirper ce germe destructeur des droits de chacun.

Priviléges attachés aux personnes comme aux terres, priviléges des charges, emplois, offices et états de toute sorte, furent successivement mis en lambeaux, bien qu'abattus déjà par la seule proclamation de liberté, égalité pour tous.

Monopole, autrement dit faculté prise ou concédée de vendre exclusivement des marchandises, ou d'exploiter une industrie dont le droit de vente ou d'exercice devait appartenir à tous, fut entraîné dans la destruction des droits privilégiés, attachés aux divers états ou commerces.

Comment dès lors concevoir que ce qui était si universellement réprouvé en 1789, qui fut étendu et expliqué d'une manière persévérante dans plusieurs lois postérieures, notamment dans celles des 17 mars et 9 octobre 1791, reparut sourdement en l'an VIII, alors que continuait notre révolution, puisque conservant le système républicain, il n'y avait de changement principal que dans la forme du pouvoir exécutif, qui était confié à trois consuls au lieu de cinq directeurs?

L'explication s'en trouve dans le fait et non dans les paroles : quoique le gouvernement consulaire parût être la continuation du Directoire, ce n'était qu'en apparence : il y eut des différences notables dans la constitution des hauts pouvoirs, comme dans celle des pouvoirs secondaires : la révolution et tous les effets qu'elle avait produits étaient bien conservés dans la forme républicaine qui était expressément maintenue; mais le gouvernement consulaire ne fut pas plus tôt installé que, profitant de l'élasticité de toutes les constitutions, organisant ou remaniant les points que l'on dit appartenir à l'administration, il se mit presque aussitôt à l'œuvre de la contre-révolution. Le rétablissement des charges d'avoués, de notaires et d'huissiers fut un de ses premiers essais. Les agents de change, courtiers de commerce, ne tardèrent pas à suivre : il ne se fût probablement pas arrêté en si beau chemin, sans des événements qui, une fois qu'il eut admis le principe, le déterminèrent à attendre une réorganisation générale pour les arts et métiers avec les maîtrises et jurandes dont on avait par intervalle frappé l'opinion; quoique ces mesures projetées attaquassent en face la ré- volution, dans ses effets les plus sensibles sur la classe ouvrière, le gouvernement d'alors, au moyen des conquêtes qui touchaient si vivement la fibre guerrière du peuple qui en était le principal ins- trument, inspirait si peu de défiance à cette classe, qu'elle eût peut-être accepté la réorganisation : elle y eût vu un patronage du pouvoir pour elle, et un moyen d'épuration des hommes que la mo- ralité et l'incapacité devaient éloigner des corpo- rations qui auraient été reconstituées par le libre choix des personnes qu'on eût appelées pour en former le noyau.

En attendant la réalisation d'un projet formé certainement depuis longtemps, le gouverne- ment consulaire entra sans tarder en matière pour l'organisation intérieure du pays.

Afin d'exécuter son plan d'abattre et d'édifier ou réédifier beaucoup, le premier consul qui tout de suite prit une grande prééminence sur ses col- lègues, se créa, avec son Conseil d'État, un grand corps instrumenteur de ses desseins : celui-ci, sentant de suite sa destinée, se mit à même de l'accomplir : par son règlement du 5 nivose, il s'accorda tous les pouvoirs propres à atteindre ce but.

Le droit de s'administrer qui appartenait à la commune, au canton, au district et au département, passa au gouvernement : la charte se taisait sur l'organisation ; une loi du 28 pluviose, en venant la déterminer, accorda simplement au premier consul le droit de nommer tous les membres de ces diverses administrations. De cette manière, il fut le maître d'envoyer dans chaque localité les hommes qui lui étaient en tout étrangers.

Déjà en l'an IV, la Convention, dans la vue d'arrêter l'agiotage, créa des agents de change et des courtiers à la Bourse de Paris : elle croyait par là empêcher les marchés à terme; elle ne fit que légaliser les proxénètes par l'entremise desquels le jeu s'opérait.

A l'abri de ce décret, le gouvernement consulaire, dans une loi du 7 ventose an VIII, commence à exiger cautionnement de plusieurs régisseurs, employés, et glisse là les notaires.

La loi relative à l'organisation des tribunaux établit près d'eux, un nombre fixe d'avoués qui sera réglé par le gouvernement : au tribunal de cassation, ils n'étaient pas distingués des défenseurs ou avocats, comme dans les autres tribunaux : ils procédaient, ainsi qu'ils le font encore aujourd'hui, à l'instruction écrite, comme à l'ins-

truction orale, sous la dénomination d'*avoués*.
Les défenseurs plaidaient là comme auprès des
autres tribunaux : nous avons entendu MM. Lainé
et Ravez, qui de Bordeaux étaient venus faire
preuve du talent qui, depuis, les a portés aux premiers emplois. Seulement, *à l'instar* des postulants
au grand Conseil, ils ont réclamé le titre d'avocats
qui leur a été rendu.

Les avoués avaient exclusivement le droit de
postuler auprès du tribunal pour lequel ils étaient
établis ; il en était de même des huissiers : tous
étaient nommés par le premier consul et soumis
à des cautionnements.

On ne manqua pas plus de bonnes raisons pour
la justification du choix des officiers ministériels
attribué au premier consul, que pour le monopole exclusif qu'il établit et pour le cautionnement
qu'il exigea.

Le monopole ainsi placé dans toutes les avenues
de la justice, les défenseurs officieux à qui depuis,
fut rendue la dénomination ancienne d'avocat,
échappèrent heureusement à l'embrigadement :
bientôt il s'étendit aux notaires, revint sur les
agents de change et sur les courtiers ci-dessus
indiqués, comme faisant fonctions de notaires pour
la négociation des effets publics et la vente des
marchandises : il arriva ensuite à des commissaires-priseurs, puis à des banquiers ou escomp-
teurs d'argent formant l'association de la *Banque
de France*, avec beaucoup de priviléges et de gros

traitements qui, pour l'avantage du commerce de
Paris, sont payés par la Banque, et distribués
par l'empereur aux personnes assez heureuses
pour en mériter la faveur.

Du gouvernement le droit passa aux villes, qui,
suivant cet exemple, enrégimentèrent plusieurs
professions : les boulangers, les bouchers, furent
généralement favorisés de cette protection.

Les postes aux chevaux furent aussi à l'encontre
de ce qui existait, mises en conscription et investies du privilége de transporter les lettres et journaux dont le gouvernement, on le conçoit, comme
produit ou impôt, s'attribua le monopole exclusif,
avec la restriction imposée de plus à toute compagnie ou société fondée industriellement pour le
transport des personnes ou des marchandises, de
payer aux maîtres de poste 25 centimes par che-
val, pour le droit de parcourir la même route
qu'eux.

Instruire le public, entra aussi dans le cercle
des exclusions que traça le gouvernement impérial : non-seulement nul ne savait enseigner que
ceux qu'il patentait, mais tout individu qui voulait élever une institution, un pensionnat, ne le
pouvait sans une autorisation expresse de sa part,
et sans payer un droit annuel fixé : tout ce qui
était enseignement élémentaire ou autre devait
entrer et rester sous le patronage et la direction
universitaires.

Dans toutes ces novations, le gouvernement

consulaire et impérial mettait sa volonté, qu'on prenait sans mot dire alors, mais qui eut une si vive réprobation plus tard, à la place de celle des particuliers.

Il arriva bientôt à cercler aussi l'imprimerie et la librairie : ces deux professions reçurent de l'empire une atteinte qui pouvait devenir d'autant plus dangereuse, que la liberté de parler n'existant plus dans aucune tribune publique, la liberté d'écrire, la liberté de la presse étant muselées, tout était menacé de s'ensevelir dans le même tombeau. Un règne de cette nature, privé de toute alimentation de l'esprit public, et des salutaires avis qu'il en eût reçus, devait nécessairement tomber dans de grandes fautes : la position où il avait placé la France ne pouvait être qu'accidentelle pour une nation qui occupait en Europe les premières chaires de l'enseignement dans toutes les sciences, sans en excepter même la grande révolution qu'elle venait de subir, d'où elle a fait sortir de si grandes leçons pour tous les peuples comme pour tous les gouvernements de la terre.

L'empire, en substituant ainsi des restrictions au profit de quelques-uns, à la place de la liberté pour tous, fit de la force chez lui, comme il en faisait dans les pays qu'il allait conquérir et soumettre : il croyait se faire des créatures plus dévouées, par cela qu'elles recevaient de lui sa nomination et les faveurs qui y étaient attachées :

il croyait qu'à la place de ce qu'il donnait, il était en droit d'exiger plus de soumission. Avec ces gigantesques accaparements, il changea son rôle de protecteur de tous en celui de limitateur au profit de quelques-uns : devant pousser au développement des sciences, des arts et des industries qui ne prospèrent qu'à l'ombre d'une liberté dont le pays avait un moment abusé, il agit en sens inverse de sa mission, il succomba : que pouvait un homme, quel qu'il fût, contre les masses qu'il souleva par l'abus de sa force ?

CHAPITRE II.

L'état actuel de la France repousse ce système.

Est-il possible de laisser ainsi, en porte à faux sur d'aussi vicieux errements, notre gouvernement actuel; de le voir conserver un moyen d'arrêter l'essor de l'esprit humain, et commander ainsi la confiance à des hommes choisis par ses ministres, souvent mal informés, au lieu de la laisser aller où elle juge à propos de se fixer?

Le pouvoir qui menace la liberté du commerce, disaient, dans une pétition aux Chambres, des hommes qui réclamaient la liberté du commerce de la boucherie, paralyse l'industrie, arrache aux familles leur moyen d'existence : peut-on ainsi frapper l'activité nationale, rendre nuls les bienfaits de cette célèbre Constituante, qui nous donna des lois en harmonie avec notre indépendance, supprima pour toujours le vasselage et les priviléges, écarta toutes les entraves qui jusqu'alors avaient fait ombrage aux progrès et à la liberté de l'industrie? Par quelle fatalité ceux qui ont été investis de la puissance exécutive et revêtus d'un grand pouvoir administratif, ont-ils, sous le pré-

texte d'*ordre public*, effacé de nos codes les plus
salutaires de nos lois, par des arrêtés , des décrets,
des ordonnances, des actes même de la police ?
Pourquoi ceux-là qui étaient armés du pouvoir
des lois pour nous défendre contre les usurpations
toujours renaissantes des ennemis du bien public
ont-ils été les premiers à méconnaître l'autorité
des lois, et à en solliciter mystérieusement la réformation ?

La pétition devenue si fameuse, présentée par
les Girondins en 1833, renferme des observations
qu'on ne saurait trop reproduire :

« Constituer un monopole, disait-elle, c'est provoquer la guerre civile parmi les travailleurs.
Chacun veut profiter des avantages qu'il promet,
et pour cela cherche à prendre position dans l'enceinte réservée. Les capitaux, la science et le mouvement se portent tous du même côté...

« Pour que le mot liberté ait toute sa valeur dans
une société, il ne suffit pas que les lois civiles le
consacrent, il faut de plus qu'on le retrouve ap-
pliqué à son économie, de sorte que la volonté
individuelle dans l'industrie rencontre le moins
d'obstacles possibles.

« Le désaccord qui règne entre notre économie
politique et notre constitution impose le devoir
de le faire cesser. Le pays ne prospèrera que par
l'harmonie de ses idées et de ses intérêts.

« Il est des questions de politique, de morale et
de sociabilité, qui fatiguent depuis longtemps

les esprits les plus éclairés, et qui, labourées dans tous les sens, n'ont encore rien produit. Nous avons la conviction que ce sera avancer leur solution, que d'appliquer à notre société moderne l'économie nouvelle qu'elle réclame.

« Cette économie, il n'en faut pas douter, est de laisser à tous et à chacun son libre arbitre pour le choix de son état ou de sa carrière, et l'entier usage de ses facultés et de ses moyens pour toutes les industries.

« L'espèce humaine rencontre assez de difficultés, sans qu'encore elle les augmente par des entraves qu'elle se donne à elle-même : les grandes mines que renferme la terre sont assez vastes, assez variées, pour que capricieusement chaque gouvernement puisse les fermer pour les uns, les ouvrir pour les autres, en classant les exploitations, en parquant pour ainsi dire les exploitants.

« Non-seulement sans approuver, mais même en blâmant ces rassemblements qui se sont successivement formés, peu de temps après la révolution de juillet, dans presque tous les états, ne doit-on pas reconnaître qu'il y avait quelquefois des griefs véritables et de justes causes de plaintes? »

Si les ouvriers qui, après notre révolution, ont généralement obtenu diminution des heures de travail sans aucune diminution du prix de journée, viennent, après avoir fait consacrer ce double résultat, se liguer pour faire encore augmenter le prix de journée après avoir réduit de une, de deux ou de trois heures la journée de travail, ils obéissent à des impulsions trompeuses, ils rompent un équilibre qui ne peut cesser qu'à leur détriment.

Le fabricant et l'entrepreneur, en voyant hausser *les prix de revient*, sont obligés de hausser le prix de vente : dès lors, si l'augmentation de main d'œuvre n'est pas unanime partout, il en résulte inégalité dans les prix d'une fabrique ou d'une localité à une autre ; et comme ce n'est généralement pas dans l'intérieur que se consomment toutes les fabrications, impossibilité d'aller soutenir la concurrence à l'étranger.

Vainement dira-t-on que ce que demande l'ouvrier il faut le prendre sur le bénéfice du fabricant : qu'il faut mieux faire et mieux conditionner ; qu'il faut surtout obtenir des simplifications, au moyen desquelles la diminution de travail manuel se compense par le perfectionnement des procédés ou des machines.

Raisons fausses qui frappent à côté de la question. La concurrence aujourd'hui existante a certainement limité les bénéfices des fabricants de telle sorte que s'ils devaient supporter l'accroissement du salaire, quelquefois ils cesseraient tout à fait, d'autres fois peut-être ils ne serviraient pas à couvrir la différence.

Pour mieux conditionner, il faut un meilleur travail ; ce fait dépend de l'ouvrier : ou il faut une meilleure matière, alors il faut payer la plus-value. Le perfectionnement des procédés et des machines suit son cours, même sans la cause nouvelle qui s'y ajoute : il ne faudrait pas d'ailleurs que le perfectionnement fût à l'égard des ouvriers dans une progression telle, que la main d'œuvre fût d'autant moindre, parce qu'alors si le travail se raréfiait, l'ouvrier, manquant de moyens d'existence, s'emparerait de l'argument contre ceux qui le condamneraient à mourir de faim, ce qu'il a trop fréquemment prouvé par le brisement des machines et des mécaniques. Il faut donc, en simplifiant les moyens de travail, augmenter les consommations ; c'est par là qu'on maintiendra l'équilibre.

A côté de ces prétentions, ne faut-il pas voir celles des garçons boulangers ou bouchers qui ne peuvent ouvrir boutique ou lever étal sans acheter un fonds, et quelquefois, pendant que l'autorité faisait des réductions, sans en acheter deux, sans encore fournir cautionnement ou dépôt d'un nombre déterminé de sacs de farine, cautionnement, qui tout juste qu'il paraisse, n'en est pas moins une avance de fonds à ajouter à ceux nécessaires pour l'établissement même? Pourquoi tant de limitations, et assujettir à des médailles délivrées par la police le malheureux qui veut être chiffonnier, commissionnaire ou portefaix, crieur public, charbonnier, même porteur d'eau, ou avoir un numéro de fiacre ou de cabriolet de place? Le prix d'achat du numéro, les difficultés de l'obtenir sont autant d'entraves à la faculté que doit avoir tout homme vivant de gagner sa vie en travaillant : ce sont souvent des impossibilités pour celui qui n'a pas les fonds d'avance ou qui craint de les compromettre ; ce sont fréquemment des exclusions contre tel ou tel qui ne peut obtenir l'autorisation nécessaire. Les ouvriers imprimeurs, les commis libraires n'étaient-ils pas fondés à demander l'abolition du monopole et des brevets? Nous nous souvenons d'en avoir entendu plusieurs après la révolution de juillet qui tenaient à peu près ce langage : Pourquoi me mettre dans la nécessité d'être ouvrier pour autrui, et m'ôter la faculté de travailler pour mon compte ? Je n'ai pas le moyen d'acheter une imprimerie avec plusieurs presses, mais mes économies me permettent d'en avoir une dans ma chambre; je travaillerai à forfait, ou à ma tâche, pour un imprimeur connu, si je ne puis me faire connaître immédiatement au public.

Si chacun peut ouvrir un restaurant, une auberge, un café, une fabrique d'armes, une boutique de coutelier ou d'armurier, pourquoi ne pas laisser également ouvrir une boutique d'herboriste-droguiste ou de pharmacie? Le prétexte toujours mis en avant d'une surveillance nécessaire pour la salubrité publique s'appliquerait aussi bien aux uns qu'aux autres cas : si les herbes ou les drogues peuvent être vénéneuses ou malfaisantes, les aliments, les armes peuvent être aussi nuisibles et aussi dangereuses. Ce n'est d'ailleurs pas en autorisant qu'on se prémunit contre le danger ; c'est par l'intérêt même du débitant, ou par la surveillance dans la gestion : rien n'empêche qu'elle s'exerce sur tous les débitants, qu'ils aient été ou non autorisés.

On voit là les grandes inégalités du régime actuel : les précautions que l'on prend contre une profession ou une industrie ne sont pas employées contre une autre qui offre les mêmes dangers, quand ils ne sont pas plus grands. Rien ne prouve mieux les inconvénients des restrictions : elles sont plutôt un moyen de favoriser un protégé que d'exclure un homme incapable ou dangereux. Ce n'est jamais justice pour l'autorisation, qui n'est que la déclaration du droit ; c'est presque toujours injustice dans l'exclusion : il est rare que le préfet ou fonctionnaire prononce lui-même. Généralement il ne connaît pas les personnes qui se présentent ; ce sont presque toujours les employés ou les bureaux qui déterminent l'autorité dans les préférences comme dans les exclusions.

Si ces raisons ont de la force dans les cas ci-dessus, quelle plus grande encore n'acquièrent-elles pas contre le monopole des charges d'avoués, huissiers, commissaires-priseurs, notaires, agents de change et courtiers !

CHAPITRE III.

Le système nouveau a renchéri sur l'ancien.

Une fois qu'on est entré dans une mauvaise voie, le mal ne peut qu'empirer : plus on le conservera, plus on augmentera les difficultés du remède. Plusieurs localités en sont au point que les changements qui se sont opérés dans la population, dans le commerce, dans l'industrie, ont tout mis en désaccord avec les besoins actuels, et surtout avec ceux des personnes qui se présentent en foule pour satisfaire ces besoins, et se créer des moyens d'existence. Près de quarante ans, dont vingt-cinq de pleine paix, ont tellement dérangé les bases de l'an VIII que, quoique les plaintes n'arrivent pas de tous les points, il est presque inévitable qu'il n'y ait de justes causes de les former : il faut se mettre en mesure d'y faire droit, dans la crainte qu'une explosion n'en fasse justice.

Telle est la position, que personne ne conteste qu'elle ne soit très-vicieuse, et qu'on ne rencontre que des difficultés pour en sortir, malgré l'impérieuse nécessité de le faire.

Augmenter le nombre des charges, là où les besoins les plus impérieux le réclament, c'est amonceler des embarras pour la sortie : le laisser tel qu'il est, c'est ne pas vouloir satisfaire un besoin pressant, c'est se refuser à l'évidence de la justice, c'est maintenir de force un état intolérable.

Ces deux moyens offrent certainement plus de dangers que celui du rachat, qui replace tout le monde dans le droit commun, et fait cesser un monopole odieux, à charge à l'état, au particulier lui-même qui en a pris le fardeau comme une nécessité, au public qui en paie les frais, et à l'aspirant qui attend que la porte s'ouvre pour pénétrer.

A Rome, dont la législation est vantée autant que les pratiques judiciaires, il n'y avait point d'avoués en titre. La partie qui voulait se faire représenter donnait sa procuration à qui elle voulait. Ce mandataire n'était astreint qu'à certaines qualités énoncées au Digeste et au Code dans le titre *de Postulando*.

En France, longtemps avant la révolution, il existait des procureurs ; mais le nombre n'en était pas réglé, les juges en recevaient autant qu'ils voulaient ; il ne le fut que lors de la création des charges dans les siéges royaux : encore resta-t-il plusieurs juridictions où les parties n'étaient point obligées de se servir du ministère des procureurs, quoiqu'il y en eût d'établis ; elles étaient entendues à l'audience lors de l'échéance de l'assignation, et jugées sur-le-champ. Les pays qui nous entourent, moins ceux où notre législation a été établie, et où cependant elle a été modifiée, paraissent presque tous être restés étrangers au régime limitatif qui nous concerne : presque nulle part même le dédoublement de l'instruction orale et de l'instruction écrite n'a été établi ni même conservé. Le canton de Genève, dans la législation civile qu'il s'est donnée il y a peu d'années, a examiné avec soin cette question ; il a repoussé l'usage que nous y avions importé : nulle part le gouvernement ne s'est arrogé le droit de nommer ni de fixer le nombre des instructeurs qui s'interposent entre le juge et la partie, lorsque celle-ci ne juge point à propos de se défendre elle-même. Une fois que la loi a déterminé les conditions, c'est aux diverses juridictions qu'il appartient plus justement de faire ce qui convient pour que bonne justice soit rendue.

N'est-il pas bizarre, par exemple, que la Cour de Cassation et la Justice de Paix, qui se trouvent aux deux bouts de la chaîne judiciaire, aient un régime différent de celui qui est établi dans les tribunaux d'arrondissement et les Cours royales ? A la Cour de Cassation, les avoués sont avocats : ils sont seuls chargés de la procédure et de la plaidoirie. Dans les Justices de Paix, il n'y a ni avoués ni avocats : chacun y fait ce qu'il veut, s'y présente comme il veut et par qui il veut ; on n'a jamais entendu combattre ce qui s'y passe. Au contraire, la dernière loi qui vient d'être adoptée par les Chambres a pour objet d'étendre le cercle trop restreint des Justices de Paix, sans que pour cela il y ait eu aucune proposition d'y introduire le ministère d'avoués ou d'avocats. Cependant, si la législation qui régit les tribunaux et les Cours est bonne, pourquoi ne pas l'étendre aux deux ci-dessus, ainsi qu'aux tribunaux de commerce? Si elle est vicieuse, et si, par la comparaison qu'il est facile d'en faire, on arrive à le reconnaître, pourquoi ne pas la détruire ou la modifier? C'est successivement qu'il faut prendre les abus qui se sont si brusquement fait jour, pour les détruire en détail. Sur ce point comme sur tous les autres, on trouve la Constituante développant cette grande maxime proclamée par elle, de l'affranchissement de toutes les personnes, de toutes les industries, de toutes les professions. C'est dans ses décrets des 29 janvier, 15, 16, 17, 18 décembre 1790, et 20 mars 1791, qu'on la voit marcher à l'abolition de la vénalité et de l'hérédité des offices ministériels auprès des tribunaux.

« Tous les ci-devant juges, procureurs du roi et substituts, avocats, reçus avant le 4 août 1789 ou depuis, en vertu de grades obtenus sans dispense d'âge ni d'étude, les procureurs en titre d'office, leurs premiers clercs qui ont travaillé pendant cinq ans, ceux qui, étant licenciés en droit avant le 4 août 1789 ou depuis, sans dispense d'âge ni d'étude, ont achevé cinq années de cléricature, seront admis à remplir les fonctions d'avoués, en s'inscrivant au greffe des nouveaux tribunaux ; néanmoins ils ne pourront en remplir les fonctions qu'après avoir prêté, devant les tribunaux, le serment civique et celui de remplir leurs fonctions avec exactitude et fidélité. »

Un décret du 26 mars 1791 pourvut ensuite à la liquidation des offices ministériels.

Les décrets maintenaient les fonctions d'avoués, mais au moins chacun pouvait y aspirer en se faisant inscrire au greffe des tribunaux, qui vérifiaient les conditions ci-dessus.

La loi du 3 brumaire alla plus loin ; elle supprima la fonction, sauf aux parties à se faire représenter par de simples fondés de pouvoirs.

Les choses étaient en cet état; les juges, de plus, nommés par leurs concitoyens, administraient la justice, quoi qu'on en puisse dire aujourd'hui, aussi bien que les temps et les circonstances pouvaient le permettre, lorsque tout à coup parut, comme l'un des effets de la contre-révolution de brumaire, la loi du 27 ventôse an VIII : elle donna une organisation nouvelle des tribunaux, et au premier consul, la nomination de tous les juges.

CHAPITRE IV.

Développement du nouveau système.

Cette loi de ventôse établit ses prescriptions, en ne faisant connaître que par d'insignifiantes généralités la nécessité de la nouvelle mesure ; elle établit près de tous les tribunaux un nombre fixe d'avoués qui serait réglé par le gouvernement ; elle en conféra encore la nomination au premier consul : les huissiers mêmes, qui étaient rétablis par cette loi, n'échappèrent pas à cette élection ; à plus forte raison les greffiers, à qui le gouvernement, on ne sait trop pourquoi, conférait des traitements, puisque tous leurs actes sont payés.

En regard des lois de la Constituante, si l'on met les lois impériales ou seulement consulaires, il est impossible de ne pas voir que les premières venaient au secours des masses jusqu'alors opprimées ou déshéritées des droits qu'elles s'efforçaient de rendre à tous, tandis que les autres semblaient ne s'occuper que d'effacer les traces et les œuvres de la révolution, et de replacer la société dans les anciennes rainures d'où elle était sortie. Sans doute, il y avait alors un dégoût assez marqué des révolutions : ce qui ne contribua pas peu à le faire naître, ce ne sont pas seulement les violences de 1793, c'est particulièrement la multiplicité des gouvernements qui tour à tour s'étaient succédé, et le besoin que la France sentait, après les orages qu'elle venait d'éprouver, d'en trouver un qui la mît à l'abri de nouvelles tempêtes ; un qui, en sauvant l'ensemble général d'une révolution qui avait remué les peuples, ébranlé les trônes, presque soulevé le monde, nous mît à l'abri des vengeances qu'il y avait à craindre des gouvernements qu'elle avait effrayés, et surtout des corps et des hommes qui, à raison de leur brisement, avaient contribué, par leur résistance, à soutenir, tant au dedans qu'au dehors, une lutte à laquelle il était temps de donner une issue définitive.

Voilà pourquoi le gouvernement sorti du 18 brumaire, accomplissant cette grande œuvre de régénération, s'attachant à consolider les effets matériels de la révolution, eut tant de facilités, surtout avec le levier des victoires militaires, de revenir sur les effets moraux qui, en peu de temps, reçurent de si grandes modifications.

Il fallait à la France un gouvernement qui l'empêchât de rougir et même de se repentir de ce qui avait été fait les années précédentes : il lui fallait un gouvernement qui eût de la fixité, qui, par la force, annonçât de la stabilité. Ces conditions, jointes à celles que l'étranger ne nous inspirait plus d'inquiétudes, puisque, loin de récriminer, plusieurs avaient traité avec la France, firent perdre de vue au pays le but où il devait arrêter l'homme qui s'était emparé de ses destinées ; les succès inouïs de ce nouveau chef l'enivrèrent au point, qu'oubliant son origine et son époque, il se laissa emporter par un esprit de réédification ou plutôt de réaction qui lui fit dépasser toutes bornes. Tant que les conquêtes animaient toutes les classes de la société, la France n'apercevait pas les sacrifices qu'elles lui coûtaient ; ce ne furent que les défaites qui commencèrent à lui ouvrir les yeux, et à lui montrer que sa population épuisée ne pouvait suffire à alimenter plus longtemps une guerre d'autant plus terrible qu'elle était engagée avec les peuples comme avec les rois.

Le besoin de repos après tant de guerres, celui de reconquérir les libertés qui avaient disparu pendant la lutte avec l'étranger, replacèrent naturellement la France sous l'ancienne dynastie qui l'avait gouvernée. Comme le gouvernement qu'elle venait remplacer, elle méconnut les causes de son avénement ; elle oublia bientôt l'origine de son retour, pour ne s'attacher qu'à son origine ancienne ; elle paya cette erreur par la perte d'un trône qui ne pouvait plus être reposé sur ses anciens fondements.

CHAPITRE V.

Notre gouvernement est dans la nécessité de faire cesser cet état. — Inconvénients qui y sont attachés.

Si l'empire, comme la restauration, ont manqué leur but; si l'un comme l'autre ont méconnu les conditions de leur existence, espérons que le gouvernement actuel évitera l'écueil où sont venus succomber ses devanciers. Qu'il n'oublie pas, quoi qu'on lui dise, qu'il est le produit de la révolution de juillet; que si cette révolution n'a été ni méditée, ni faite dans la vue de se lier à celle de 89, aussitôt qu'elle fut consommée, tout le pays l'y rattacha comme à sa cause première : tout le pays crut qu'il allait mettre en pratique les vérités proclamées par la Constituante, et réaliser les vœux que cette nation avait achetés par tant de sacrifices.

L'extinction des maîtrises et des jurandes, l'abolition de tous les priviléges dans une population qui n'a plus de couvents ni de guerres, satisferont le pressant besoin d'ouvrir aux masses toutes sortes d'issues, toutes sortes d'industries, ce qui ne peut s'obtenir que par l'anéantissement de tout monopole. Qu'on voie ces innombrables essaims de jeunes gens qui, après avoir achevé leurs études en droit, trouvent les avenues du palais fermées par des barrières qu'ils ne peuvent lever qu'avec des prix de charges auxquels ils sont dans l'impossibilité d'atteindre : la concurrence ne s'établissant alors qu'entre les plus riches ou les plus hardis, c'est à coup d'enchères qu'il faut se rendre adjudicataire. On achète une charge d'avoué, de notaire, d'agent de change, comme on achète une maison. S'il est vrai que l'absence de fortune ou le besoin d'en acquérir soient le mobile actif de travail, le plus laborieux, le plus apte sont exclus de cette concurrence : les produits de la charge doivent non-seulement pourvoir aux moyens d'existence du titulaire, mais encore aux intérêts des capitaux versés ou engagés. De là ces plaintes si fréquentes contre des exactions presque forcées par la cherté des acquisitions. De là ces pétitions innombrables qui, de tous les points de la France, affluent aux Chambres pour en provoquer la destruction. Le rapport fait par M. *Corne*, sur les pétitions des courtiers de Marseille, a véritablement présenté la question sous son vrai jour : les réponses de M. Martin du Nord ne décèlent que les embarras de sa position, sans détruire aucun des moyens du rapporteur ni des orateurs qui l'ont soutenu.

Sans le monopole, il y aurait un plus grand

nombre de postulants ; chacun d'eux sentirait que ce n'est que par le zèle, l'exactitude, l'intelligence, qu'il peut mériter la confiance publique ; n'ayant point de prix de charge à payer, il aura moins à demander à ses clients, et ceux-ci seront mieux servis.

Qu'on ne dise pas que de cette manière il se glissera une infinité de gens sans aveu qui, n'offrant aucune garantie, compromettront les intérêts du public : cette raison, pour être sans cesse répétée, n'a pas plus de justesse. Les hommes qui ont besoin d'un conseil sauront bien le choisir dans le grand nombre : la voix publique est plus sûre que toute autre. C'est précisément quand l'autorité aura été étrangère au choix, qu'elle n'y sera intervenue d'aucune manière, que cette voix plus libre sera plus impérieuse et plus efficace : l'incapacité ou la mauvaise foi ne pourront se soutenir ; les qualités contraires seules surgiront.

Le gouvernement, en se chargeant de l'élection, prend une responsabilité vis-à-vis du public, qui ne doit pas être frustratoire ; autrement son intervention est sans motif.

Quand un individu a besoin d'un avoué ou d'un notaire, peut-il croire que l'autorité publique qui les a investis de pouvoirs, qui les a, pour ainsi dire, par là mis en circulation, n'a pas pris les informations nécessaires pour savoir s'ils sont propres aux fonctions conférées ? Voilà pourquoi, alors qu'il désigna certains notaires pour délivrer des certificats de vie, tous les autres se récrièrent contre une préférence qui les blessait ; ils prétendirent, avec raison, qu'officiers publics nommés tous par le roi, ils méritaient tous la même confiance : le public même pouvait difficilement se rendre raison de cette inégalité de confiance, aussi elle disparut.

Dernièrement un cas qui se rattache à la question s'est présenté à la décision de la Cour des Comptes.

Aux termes de la loi du 28 floréal an VII, lorsqu'il y a mutation de rentes, le certificat de propriété est délivré par le notaire détenteur des minutes : des mutations avaient été opérées sur certificats délivrés les uns par notaires non détenteurs des minutes, les autres par notaires seulement dépositaires de grosses ou expéditions.

Parmi les raisons en grand nombre qui furent présentées, se trouvait celle que l'agent des transferts, en voyant un certificat de propriété délivré par un notaire public, qu'il y ait ou non la mention qu'il était détenteur de la minute, ne pouvait suspecter la foi d'un officier public qui, nommé par le gouvernement, avait dû connaître la condition imposée par la loi ; qu'ayant reçu le certificat, il n'avait à examiner autre chose que la qualité de celui qui l'avait délivré.

Si le gouvernement n'avait pas donné l'investiture, l'objection aurait eu moins de force ; l'agent des transferts eût pu non-seulement ne pas ajouter pleine foi au certificat, il eût dû exiger la représentation de la minute ou autre preuve supplétive, dans le cas même où le certificat aurait déclaré que le notaire était détenteur des minutes.

L'étranger qui vient en France n'est-il pas fondé à s'adresser indifféremment à tout officier public? l'homme du peuple ne s'abandonne-t-il pas à cette présomption? Sans l'attache du gouvernement, il y aurait examen : l'étiquette est d'autant plus fautive qu'aujourd'hui tous ces officiers étant autorisés à traiter et désigner leurs successeurs, l'intervention du gouvernement n'est plus qu'une trompeuse formalité. Il lui suffit de ne pas avoir reçu de plainte sur la capacité ou la moralité, pour qu'il ne puisse refuser la nomination demandée. Il n'a pas le droit de conférer ni de requérir l'admission au profit des plus capables, qui lui seraient indiqués par une autre voie. Dans le cas où il juge à propos d'augmenter le nombre des privilégiés, ainsi qu'il l'a fait en 1816, lorsqu'il porta le nombre des agents de change à soixante au lieu de cinquante, ce n'est qu'une occasion de repousser, sans le savoir, le plus méritant et le plus apte, pour favoriser le plus recommandé.

Qui ne voit d'ailleurs que le cercle tracé pour les avoués n'a rien qui le motive? Pourquoi en restreindre le nombre quand celui des avocats est indéfini? Faut-il exiger plus de garantie de celui qui fait les actes de procédure, que de l'avocat qui plaide et de qui dépend bien davantage le succès du procès ? Mais ce qui se pratique est loin de donner cette garantie, puisqu'il ne tend qu'à restreindre le nombre des postulants, par conséquent le nombre des capacités. Le cautionnement, n'étant spécialement affecté qu'aux faits de charge, ne garantit que ceux-là, extrêmement rares pour les avoués ; s'il avait d'ailleurs la moindre utilité, l'affranchissement n'empêcherait pas qu'il fût exigé préalablement de ceux qui viennent fonctionner.

Le médecin et le chirurgien exercent une profession encore plus périlleuse ; le nombre n'en est pas plus limité que celui des avocats. Ce que l'on dit des avoués, il faut le dire des huissiers, des commissaires-priseurs, des notaires, agents de change, courtiers, etc., etc. Si ce monopole n'a été établi que pour arriver au cautionnement, considéré comme ressource alors nécessaire à nos finances, le motif a peu frappé juste ; il est allé beaucoup plus loin qu'on ne le voulait ; il a armé le gouvernement d'un droit exorbitant qui ne rentre en rien dans ses attributions ; il l'a placé hors de son action gouvernementale, et reporté sur le terrain industriel où il ne doit jamais intervenir que pour encourager les citoyens à s'y porter, et non pour en élaguer ceux qui s'y présentent, ou placer des barrières qui empêchent d'y arriver.

Il limite par un caprice arbitraire le nombre des

exploitants ; il fixe, par exemple, à Paris le nombre des avoués à 150, celui des notaires à 114, celui des agents de change à 60, quand plus du double, du triple peut-être, trouveraient facilement à vivre, sans que la somme produite par cette industrie soit en rien augmentée, puisque le capital avancé pour prix de charge n'existant plus, il n'y aurait pas à faire entrer dans les premiers produits l'intérêt de ce capital.

Ainsi, supposons qu'une charge d'avoué soit de 250,000 fr. ; il n'y a plus à trouver, dans les émoluments, l'intérêt de cette somme : le cautionnement, si l'on continue de l'exiger en argent, au lieu de le laisser fournir en rentes et en immeubles, produira un intérêt à la charge du Trésor, qui en a reçu le montant. Si cet intérêt est moindre que celui qu'il tirerait d'un autre placement, ou moindre que celui qu'il paie au prêteur des fonds de ce cautionnement, il aura encore à supporter la différence, qui augmentera d'autant la charge : si le gouvernement lui-même paie intérêt pour des fonds dont il n'a pas besoin, ou s'il paie des intérêts à un taux supérieur à celui qu'il sert à d'autres prêteurs, il éprouve un préjudice que répare toujours le contribuable ; de sorte qu'il y a perte pour tout le monde et profit pour personne.

Ainsi forcer le citoyen qui aura rempli les conditions des études, rassurantes pour la profession, à débourser encore un capital considérable pour être mis à même de l'exercer, c'est faire un emploi malentendu du pouvoir, c'est abuser sans justes raisons de la force, puisque le premier effet est de fermer une issue qui doit être ouverte à chacun : convertir ainsi le droit de protection pour tous, en un droit d'élimination et de repoussement contre quelques-uns , c'est donner au gouvernement le droit de choisir, les yeux fermés, les individus qu'il destine à telle profession, au lieu de laisser au public plus intéressé le soin de choisir celui qui sera jugé sur ses œuvres.

Plus cette question s'examinera, plus les raisons arriveront en foule pour changer ce qui existe ; il faut que soit avoué qui veut, comme est avocat qui veut ; c'est au public à faire le reste. Après les garanties d'étude, il faut s'arrêter , et ne point ajouter des conditions d'argent. Le gouvernement doit de son côté se débarrasser d'un inutile fardeau, et renoncer sans hésiter à un droit de nomination qui n'est en résultat qu'une limitation de l'industrie.

Comment expliquer qu'un licencié en droit, qui depuis trois, quatre ou cinq ans gère comme premier clerc une étude d'avoué, ne puisse postuler pour son compte, même avec l'agrément du tribunal auprès duquel il peut exercer ? Sur quelles justes raisons se fonder pour contraindre le postulant à solliciter la permission du ministre ? S'il est à deux cents lieues de la capitale, il n'en faudra pas moins y adresser les pièces, attendre le résultat de ce qu'on appelle l'examen des titres, prendre son tour d'examen, et obtenir enfin ordonnance royale, sans laquelle l'avoué du plus petit tribunal ne pourra prendre aucune conclusion, ni donner aucune assignation.

N'est-ce pas ravaler la puissance royale que de la faire descendre à des actes de cette nature? Ne serait-ce pas de nature à donner à croire qu'elle est inoccupée ailleurs, puisqu'elle intervient dans d'aussi minces détails? Ce que l'on dit de l'avoué s'applique aussi au notaire, à l'huissier, au commissaire-priseur, etc.

L'on ne peut justifier une pareille action du pouvoir, qui ne doit jamais paraître que lorsqu'il agit avec efficacité : il n'y a là qu'une attribution peu réfléchie. Le premier Consul et ses ouvriers, en entrant dans cette voie, avaient en vue de ressaisir tous les fils de la société qui, il est vrai, avaient été rompus ; mais ici il n'était nullement nécessaire d'en établir : ceux qui l'ont fait sont même allés plus loin que l'ancien gouvernement, qui ne descendait pas à toutes ces élections. Dès que l'avoué, le notaire, l'huissier sont nommés par le roi, ne sont-ils pas fondés à prendre le niveau du juge, du procureur du roi, qui ont la même nomination? Ne peuvent-ils pas même ajouter, qu'étant agréés préalablement par leur compagnie, par le tribunal ou la cour où ils viennent se placer, ils ont cet avantage sur les juges, procureurs du roi et substituts, qui auraient pu ne pas obtenir la présentation du corps où ils voulaient entrer? Tout prête à l'argumentation la plus fâcheuse. Nous croyons donc que notre roi, qui s'occupe des grandes affaires de l'État, n'a pas besoin d'en être distrait par une nomenclature de noms d'officiers ministériels, ni de supporter en rien les retards ou les erreurs de ses ministres; et **que,** mieux conseillé, il n'hésitera point à **remédier** à ce qui est un mal, sans compensation d'aucun avantage.

CHAPITRE VI.

Moyens d'exécution. — Indemnités à fournir par ceux qui profiteront.

Les inconvénients sont unanimement sentis. Le ministre des finances, dont je reconnais le bon esprit, disait à la Chambre : « De tous les sacrifices que les malheurs des temps ont forcé de faire à cette époque, il n'en est pas de plus onéreux, de plus funeste que celui qui, pour un très-petit avantage pour le trésor, a créé la vénalité des charges et amené les conséquences que tout le monde déplore, et le gouvernement plus que qui que ce soit. »

Les dédommagements aux titulaires en possession, la restitution des cautionnements, sont les seules raisons apportées jusqu'à présent pour empêcher le retour à l'ordre régulier. Voyons si la raison d'argent, qui a donné lieu au mal, doit être encore celle qui forcerait à le maintenir. La question ramenée à ces termes, il faut reconnaître :

1° Que l'indemnité est due à ceux qui ont traité sur la foi des lois;

2° Qu'il serait injuste d'en faire peser le montant sur le contribuable;

3° Qu'il ne faut pas confondre l'indemnité avec le cautionnement, devenu pour l'État sa dette personnelle, pour laquelle il paie un intérêt dont il a reçu le capital;

4° Que, pour cette dernière partie, l'État en remboursant ne perdrait rien, puisqu'il ne ferait que se libérer;

5° Qu'il ne reste qu'à chercher le moyen de le mettre à même d'éteindre une dette désastreuse à laquelle il ne peut rester indéfiniment soumis.

Et d'abord on ne peut s'empêcher de remarquer sur les causes et la nature de cette dette que, quand le gouvernement l'a contractée, loin de s'imposer aucun sacrifice pour l'obtenir, en donnant quelques franchises, ainsi que les achetaient autrefois les villes ou les corporations, il s'est arrogé un droit de plus, de sorte que du même coup il a obtenu de l'argent et une prérogative; il a ainsi fait payer le monopole dont il s'est réservé l'usage : de cette manière il a reçu le prix d'une chose qu'il a gardée.

Au moins, en renversant ce qui est, au lieu de payer l'asservissement, le sacrifice sera pour l'affranchissement : de cette manière, les choses seront remises à leur place.

Mais comment trouver le capital des neuf millions portés dans le budget pour l'intérêt des cautionnements ?

Il faut observer que, d'après le compte de 1837, la totalité des capitaux de cautionnement était, au 1er janvier 1838, de 221,495,233 fr. Les cautionnements dont nous nous occupons, avocats aux Conseils, avoués, commissaires-priseurs, gardes du commerce, greffiers, huissiers, notaires, agents de change et courtiers, se montent à 76,912,869 fr. ; le surplus étant la juste garantie de manutention des deniers publics, nous n'avons point à nous en occuper.

Prenons en compte rond 77 millions, et ajoutons que le mal qu'il s'agit de guérir ne vient pas du cautionnement, mais bien du monopole, avec lequel il n'est pas assez intimement lié pour qu'on ne puisse l'en détacher. Les cautionnements pourraient donc continuer à être fournis ; mais l'intérêt bien entendu de l'État prescrit de s'en libérer par la double raison 1° que l'emprunt est sans objet réel, qu'il est nuisible à l'État par les entraves qui en sont résultées contre lui-même et contre la liberté de l'industrie ; 2° que l'intérêt en est trop onéreux pour que le Trésor n'en rembourse pas le capital, sans que le remboursé puisse élever aucune des plaintes adressées au remboursement de la rente.

Si l'État ne croit pas devoir faire marcher de front les deux remboursements, malgré la connexité qu'ils ont entre eux, on peut toujours, quelque retard que la réduction de la rente puisse éprouver, la regarder comme inévitable : à cette époque, un huitième tout au plus du bénéfice qui en proviendra sera suffisant pour ce remboursement; raisonnant même dans le cas où cette réduction n'aurait pas lieu, un simple virement pourra l'opérer de la manière suivante.

Au moyen des défalcations à faire pour les cautionnements de garantie de gestion, la vente d'environ 3 millions de rente 3 pour o/o, qui aurait lieu à fur et mesure des besoins, procurerait le remboursement intégral; le Trésor, en ce cas, loin d'éprouver surcharge, profiterait de la différence de l'intérêt, qu'il paie à 4 pour o/o, et de celui de la rente, qui n'est pas à ce taux, à raison du capital que la rente aura produit.

Si l'on ne croyait pas devoir employer le simple déplacement de dette par cette voie, on pourrait encore, si on le préférait, prendre celle de puiser dans la caisse de service, où l'État y trouve plus d'argent qu'il n'en veut à deux : par cet autre virement, le Trésor, opérant sur lui-même, profiterait de la différence d'intérêts de deux à quatre.

Je conçois le danger de cette substitution, et l'objection qu'on en tirera, à raison de ce que les cautionnements n'étant pas exigibles, puisque le remboursement se fait de l'un par l'autre, il pourrait, dans un temps moins prospère, y avoir exigibilité à la caisse de service, ou nécessité de payer un intérêt plus élevé.

On répondrait que les cautionnements ne se-

raient pas tous remboursables immédiatement,
mais seulement lors de la retraite du titulaire ;
que dès lors le paiement s'en ferait à la longue et
avec facilité par le Trésor, qui ne rétablirait à la
caisse que ce qui aurait été réellement payé ; que
chaque année, si, comme il faut enfin l'espérer,
nos fonds de budget ne sont pas divertis par des
dépenses extraordinaires, nous trouverions là un
moyen d'éteindre, presque sans nous en apercevoir, une dette onéreuse qui amènera l'affranchissement si universellement désiré.

Il y aurait plusieurs autres moyens à employer ;
nous nous contentons d'indiquer ceux-là, sauf à
recourir à tous autres qui seraient préférables.

Venant à l'indemnité, nous partons du point
que ceux-là qui profitent doivent la payer. Ainsi,
ceux qui voudront exercer devront indemniser
ceux auxquels ils portent préjudice par le fait seul
de leur addition : à raison de cette avance, il ne
faut point y ajouter celle du cautionnement, qui
pourrait les gêner beaucoup, si elle était ajoutée
à la première.

On conçoit l'objection que rigoureusement les
indemnités ne sont pas dues, parce que ceux qui
les réclament pouvaient et devaient prévoir ce
qui arrive ; parce qu'on n'acquiert jamais irrévocablement un droit de cette sorte, contre la puissance publique, qui peut toujours le révoquer,
lorsque l'intérêt public le commande ; que la restitution du cautionnement est la seule obligation

contractée, et que l'État n'a profité que de cela ; que le reste est aux risques de celui qui a consenti à les courir, puisque jamais on n'a contesté au gouvernement le droit d'augmenter le nombre ; que quand il s'est présenté des cas où on a consenti à le réduire, ce sont les titulaires restants et les rentrants qui supportaient les indemnités.

S'il est vrai que l'indemnité ne soit pas de droit rigoureux, elle est, il faut en convenir, de bonne et loyale administration.

Le postulant avait bien le choix de sa carrière ; mais une fois ce choix fait, et toutes les études accomplies, il a été obligé de se soumettre aux lois existantes : toutes dures qu'étaient les conditions, il a fallu y souscrire.

Les raisons tirées de ce que l'État n'a fait que ce que commandaient l'exigence des temps et les besoins du service, qu'il n'a en rien profité de ce qui fait l'objet de l'indemnité, peuvent être suffisantes pour le soustraire directement à la réparation, mais nullement pour l'empêcher de la prescrire à ceux qui demandent à profiter de l'abolition qu'il prononce, et du nouveau droit qui en résulte pour eux : sous le monopole, ils n'auraient pu se placer qu'à des conditions plus dures que celles qui seront établies. Ce qui s'est toujours pratiqué lors des réductions d'avoués, de notaires, d'huissiers, est une règle qui a constamment été suivie et dont nous ne faisons que réclamer ici l'application.

Dans les périodes transitoires d'un régime limitatif à un régime permissif, la transition ne peut s'opérer que par une révolution dans la partie détruite et remplacée : il faut bien, quand la révolution se fait dans un temps calme, viser à ne pas amener, même dans de bonnes vues, des déchirements et des pertes qui, toutes partielles qu'elles seraient, n'en affaibliraient pas moins la bonté de la mesure. Ce n'est que dans les cas de guerre qu'on demande la vie des uns, pour assurer celle des autres : lorsqu'on est en pleine paix, et qu'on veut faire cesser un mal, il faut, à moins d'une impérieuse nécessité, ne pas l'obtenir par le mal des autres.

A la vérité, ceux qui entreront en fonctions seront plus malheureux que ceux qui viendront après que la réparation aura été faite; mais il en est là comme pour la dette publique : la génération actuelle paie en l'acquit des générations suivantes. Heureuses celles qui ne viennent que quand les charges sont acquittées !

Appliquant notre règle d'indemnité aux avoués de Paris, par exemple, nous les trouvons fixés au nombre de cent cinquante : on adoptera pour base d'indemnité la différence de valeur que l'accroissement inévitable de ce nombre fera éprouver. Ceux qui voudront se retirer devront trouver la valeur qu'ils eussent obtenue au moment du changement de législation; ceux qui resteront n'auront à réclamer que la différence de la perte occasionnée par l'accroissement de nombre, perte qui ne pourra être appréciée qu'au moment de la retraite. Les corps eux-mêmes parviendront facilement à ces appréciations : en cas de dissentiment avec les intéressés, sur l'avis de la compagnie, qui continuera également d'exister, une chambre du tribunal, ou un jury qui serait si facilement formé comme dans les cas d'expropriation pour cause d'utilité publique, trancherait les questions où l'accord n'aurait pu se faire.

N'est-il pas permis de croire que les fonds versés par les individus qui viendraient réclamer le bénéfice de la loi nouvelle, suffiraient pour désintéresser les titulaires ? La quotité du versement dans le fonds commun serait déterminée suivant l'importance de la charge, et continuerait jusqu'au moment où les évaluations seraient remplies.

Ainsi les cent cinquante avoués de Paris ayant fourni 1,200,000 fr. pour le cautionnement de 8,000 fr. par tête, le Trésor serait chargé de cette somme à chaque mutation.

Les charges se vendant au terme moyen de 250,000 fr., dont 50,000 pour les recouvrements, il ne resterait qu'à faire reposer l'indemnité sur les 200,000 fr. restant. Admettant que la concurrence ait fait baisser le prix de moitié, cette étude, qui ne se vendrait plus que 100,000 fr., aurait droit à l'indemnité des autres 100,000 : il faut bien remarquer que la pratique aura toujours une valeur, ainsi que cela se rencontre parmi les receveurs de rentes, agents d'affaires, ou autres professions libres qui cèdent leurs relations et l'achalandage attachés à leurs maisons.

En supposant une indemnité de 100,000 fr., c'est cette somme qui pourrait être exigée : il suffirait qu'à ce prix il se présentât le double de personnes qu'il en sortirait, pour que la liquidation se fît dans très-peu de temps ; le terme sera moindre, s'il s'en présente un plus grand nombre.

Dans le cas où quelques études n'éprouveraient aucun préjudice par la concurrence, elles n'auront rien à prendre dans l'indemnité, ce qui soulagera d'autant le fonds commun.

Si, contre toute supposition, il ne se présentait pas un assez grand nombre de postulants pour satisfaire les indemnités réglées, la créance, une fois reconnue et déterminée, resterait exigible avec intérêts légaux contre la compagnie, qui serait représentée par un syndicat, et resterait obligée sur le fonds commun, lequel s'alimenterait par le versement de l'indemnité fixée, jusqu'à ce qu'enfin la dette commune fût éteinte.

Cette mesure, applicable à tous officiers publics, devra aussi embrasser les imprimeurs et tous les états dont le nombre est limité.

Si le cercle actuel s'agrandit, ainsi qu'il le sera inévitablement, quel avantage politique n'y trouvera-t-on pas, en y voyant entrer une infinité de jeunes hommes qui, à raison de la difficulté de se placer, jettent leur existence dans toutes sortes de combinaisons aventureuses : quelle sécurité l'État n'y trouvera-t-il pas dans des temps où l'activité industrielle a autant d'énergie !

Qu'on ne craigne nullement que le nombre.des postulants devienne trop grand ; il ne le deviendra pas plus que dans toutes les autres professions libres. D'ailleurs, si, comme il n'en faut pas douter, il y en a qui ne réussissent pas, ils se retireront sans perte, ou du moins les premiers ne pourront perdre que ce qu'ils auront donné pour indemnité ; encore est-il à croire qu'ils retireront quelque chose de ce qu'ils auront formé : en tout cas, ils n'auront de reproche à faire à personne ; ils ne pourront du moins en adresser au gouvernement, qui n'aura fait qu'ouvrir les voies au lieu de les laisser fermées comme elles l'étaient.

Si l'on ajoute l'idée que le grand nombre des rentrants embarrassera les avenues de la justice, on répondrait que cette crainte n'est qu'imaginaire ; qu'en l'admettant, elle ne ferait qu'assurer l'efficacité de la mesure proposée ; qu'en tout cas, cet encombrement ne serait jamais redoutable sous les yeux de la justice. Cette raison se mettait déjà en avant dans la discussion de la loi qui permettait à chacun d'élever un journal ou un théâtre : la liberté a été indéfiniment admise, sans plus d'inconvénients que pour toutes les autres industries.

Enfin la multiplication des concurrences, quelles qu'elles soient, ne peut être nuisible qu'à ceux qui font de faux calculs ; elle tourne au profit du public. Ici elle dégagera le gouvernement des liens dans lesquels il se trouve ; elle sera la mise en pratique de la liberté de l'industrie , appliquée à des fonctions qui ont été affranchies de la manière la plus absolue, sans qu'il en fût résulté le moindre abus.

DU DUEL.

CHAPITRE PREMIER.

Nouvelle jurisprudence de la Cour de Cassation. — Manière
d'entendre la loi.

Le duel, en se reproduisant à la Cour de Cassation, n'y eût probablement pas été aperçu sans le
changement de sort qu'il y a éprouvé. Une multitude d'arrêts uniformes, parmi lesquels plusieurs
rendus par les sections réunies, ont constamment
décidé que quoique le duel blesse profondément
la morale et l'ordre public, néanmoins, n'étant pas
qualifié crime par nos lois, il échappait à toute
action. Dans celui du 8 août 1828, rendu également-
ment en chambres réunies, la Cour arrête même
qu'il en sera référé au roi pour être procédé à
l'interprétation de la loi.

C'est ce devoir qu'un projet présenté à la Chambre des Pairs le 14 février 1829 était venu remplir.

Adopté le 14 mars, il fut apporté à la Chambre
des Députés le 8 juin suivant, et y resta : repré-
senté à la Chambre des Pairs le 11 mars 1830,

signé du même garde des sceaux que la première fois, il n'eut pas plus de suite (1).

S'il est naturel que la Cour de Cassation ait prononcé sur le pourvoi dont elle était saisie, il ne l'est peut-être pas autant qu'elle ait statué sans attendre l'effet de sa demande en interprétation, surtout quand, par un retour sur elle-même, elle bouleverse une jurisprudence à laquelle toutes les Cours du royaume s'étaient si facilement identifiées.

Comment expliquer ce retour d'autant plus fâcheux, qu'il est produit par la Cour précisément instituée pour le faire cesser? Quoiqu'il ne faille pas admettre, avec ceux qui le prétendent, que la Cour de Cassation ne se trompe jamais quand elle maintient sa jurisprudence, puisqu'elle a pour effet d'uniformiser celle de tous les tribunaux et Cours du royaume; quoiqu'elle fasse mieux de reconnaître son erreur que de la continuer, il n'en résulte pas moins que le changement de la Cour régulatrice étant toujours désastreux par ses effets, il ne doit jamais s'opérer sans de très-graves motifs.

Comment ne pas être effrayé de l'idée de pour-

____

(1) Nous ne parlons pas ici du rapport lumineux qui fut fait le 22 juin 1819, par M. Pasquier, au nom de la commission chargée d'examiner la proposition de M. Clausel de Coussergues sur le duel, parce que ce travail n'a pas eu de suite.

suivre des coupables que la loi n'a pas désignés ? Comment faire couler le sang français par la découverte d'une législation *masquée*, que les auteurs du Code de 1810 n'ont certainement pas voulu établir par une voie aussi équivoque, puisqu'ils n'ont jamais réclamé contre l'exécution qui fut donnée au Code pénal dès son apparition ? On cherche à savoir si de nouveaux besoins se sont fait sentir ; si depuis les derniers arrêts qui, par leur solennité, ont acquis la plus grande publicité, de nouvelles idées se sont fait jour dans le pays ; si les duels se sont tellement multipliés, que, signalant des désordres qui menacent la société, il faille en toute hâte, et sans attendre la voix du législateur, y apporter remède.

Loin de là, tout paraît calme autour de nous ; le pays, fatigué de ses longues guerres, emploie les loisirs de la paix au perfectionnement de son état industriel et social. C'est au moment où il éloigne tout esprit d'agitation, pour s'occuper de son bien-être matériel, qu'on vient ranimer la controverse et la fermentation qu'excitera toujours en France une question de cette nature.

Au moins, s'il y avait des actes assez répétés pour fixer l'attention publique ; si nous avions de récentes pertes qui se présentassent avec des caractères odieux ; si, dans une recrudescence menaçante, quelques citoyens, excitant les regrets publics, étaient immolés, les esprits seraient disposés par là à suivre la discussion et à se prêter aux mesures répressives du mal existant. Mais non, c'est à froid, dans un temps qui commence à être calme, alors qu'il paraîtrait que le préjugé s'éteint plutôt qu'il ne se ravive, que l'on revient *ex abrupto* sur un point qui titille si vivement la fibre nationale. Nous croyons le moment mal choisi : néanmoins, si la réforme de la jurisprudence n'a pour but que de faire reconnaître que si le duel n'est pas formellement écrit dans notre législation, il ne résulte pas de ce silence qu'il soit autorisé, et sans poursuite possible dans aucun cas, la question devient purement juridique et sans danger; elle laisse presque subsister l'état actuel des choses.

Mais si, exagérant la décision, ou plutôt en tirant toutes les conséquences, on veut en induire que toutes les fois qu'il y a blessures ou mort, même quand le duel n'a produit ni les unes ni l'autre, par cela qu'il a suffi que deux hommes eussent lutté les armes à la main, la justice doit agir et poursuivre les contendants, même les témoins, qui, dans la majorité des cas, pacifient ou arrêtent le cours d'une affaire commencée, nous ne craignons pas de nous élever contre une pareille interprétation : nous croyons qu'on ne respecte pas la réserve de la loi, et qu'on outrepasse tout à la fois son texte et son esprit.

En ne dénommant pas le duel, elle a laissé la faculté de l'encadrer dans ses dispositions générales sur les blessures et le meurtre : toutes les fois que les circonstances caractéristiques d'un duel *régulier* ne se rencontrent pas, il n'y a plus que voies de fait ou meurtre, dans une rencontre dénuée des causes que le préjugé autorise, commande souvent, excuse presque toujours.

La législation ainsi entendue, il est facile de voir qu'elle ne mérite pas les reproches que tant de personnes lui ont adressés; elle n'est pas impitoyable pour qu'on poursuive à outrance tous les duels; elle n'est pas trop relâchée pour qu'on n'en poursuive aucun. Il y a des duels tolérables, forcés même, quoi que l'on dise : il en est qui ne sont ni l'un ni l'autre, ou qui tiennent un peu des deux caractères.

C'est ici que le législateur qui s'égarerait en le méconnaissant doit quitter son niveau : à l'exemple de Solon, qui disait qu'il n'avait pas donné les meilleures lois, mais celles que son pays pouvait supporter, il doit quitter cette justice abstraite, qui ne deviendrait dans la pratique qu'une théorie sans application. Sully, Richelieu, Montesquieu, ont remarqué que la sévérité des lois, loin d'empêcher les duels, n'a fait que les irriter. Le premier a justement observé que Henri IV, qui avait prononcé la peine de mort contre les duellistes, avait toujours violé les édits pour y soustraire les coupables. La Constituante, l'Empire, éclairés par les rigueurs inefficaces de leurs prédécesseurs, ont pris un juste milieu et satisfait aux besoins généraux comme à la morale publique.

Comment la Constituante eût-elle agi autrement? Elle savait qu'aux États-Généraux de 89, le clergé réclamait l'exécution des lois sur le duel, que la noblesse gardait sur ce point le silence le plus absolu, que le tiers était partagé sur la question : cinquante-six bailliages réclamaient des lois sévères; quatre-vingt-dix-huit demandaient la suppression des lois existantes ; ils voulaient attendre du progrès des lumières et d'une éducation nationale que les mœurs qualifiassent de crime, et non de traits d'honneur, la mort donnée à un homme par son semblable.

Bien que cette assemblée immortelle reçût fréquemment des adresses réclamant une législation contre les duels, son Code de 1791 ne renferme aucune disposition : le dernier article abrogeant toutes les lois anciennes, il n'y eut plus de législation sur ce point.

Un décret de la Convention du 28 messidor an II charge une commission d'examiner et de proposer les moyens d'empêcher les duels, et la peine à infliger contre ceux qui s'en rendraient coupables ou les provoqueraient. Les choses étaient en cet état lorsque parut le Code pénal de 1810, qui, comme celui de 1791, garda le silence.

Il n'est donc pas plus possible d'admettre que le Code actuel ait par inattention passé le duel sous silence, qu'il n'ait voulu que tous les duels, quelque raisonnable qu'en pût être la cause, quelque loyale qu'en fût l'exécution, dussent être poursuivis et livrés sans pitié à la sévérité de la loi sur les blessures et le meurtre volontaires. La raison du silence s'explique par l'esprit de tolérance qu'il sentait la nécessité de ne pas méconnaître. Qui ne voit, en effet, les difficultés dont le législateur était entouré, dans une matière où tous les essais de législation avaient été tentés, et où tous avaient échoué ? En agissant ainsi qu'elle l'a fait, la Constituante, qui semble toujours grandir à mesure qu'on s'éloigne, a montré une sage hésitation : en abrogeant les lois de rigueur qui existaient, elle a voulu faire l'essai de l'opinion et de la tolérance qu'elle introduirait ; étant fort à même de les recueillir, elle en attendait l'expression pour s'y conformer.

Le Code de 1810, en laissant le duel dans les cas généraux d'injures ou de provocation, de meurtre ou d'assassinat, abandonna le fait aux autorités, toujours instruites, par la clameur publique, des circonstances qui l'ont amené ou accompagné. Ces autorités, ainsi averties, ont la latitude ou de se taire quand l'honneur, qui ne s'entend ici que de cette susceptibilité qui affecte si vivement la société française, a entraîné les parties à un combat loyal ; ou, lorsque ce double caractère ne s'y rencontre pas, d'exercer des poursuites fondées sur les lois qui punissent les offenses, les blessures ou les meurtres, dont ces actes, dénués de l'appui d'un duel en règle, ne sont point exclus.

De cette manière, au lieu d'être un tribunal préliminaire, ainsi que quelques-uns le réclament, pour empêcher le duel ou pour en reconnaître la nécessité, le ministère public, qui n'aura jamais autorisé un duel, se réservera seulement l'avantage de l'apprécier après qu'il sera connu, et de ne saisir le jury, si éminemment apte à le juger, qu'alors qu'il y aura toute raison de croire qu'il ne le couvrira pas de l'impunité.

Voilà, ce nous semble, la meilleure loi, la meilleure exécution, du moins, à donner à celle que nous avons. Ne nous laissons pas entraîner au delà; un débordement de poursuites n'aura pour effet que d'amener un débordement d'acquittements, et de rendre par là l'action publique odieuse, en la montrant toujours prête à inquiéter les familles, malgré qu'elle soit continuellement repoussée dans les imprudentes attaques auxquelles elle ne cesse de se livrer.

Si la première jurisprudence de la Cour de Cassation était trop prohibitive, gardons-nous de donner à la nouvelle une trop grande extension. Entendons-la avec la réserve qui de la loi doit passer dans la justice; ne poursuivons que les actes qui ont les caractères des blessures ou meurtres déterminés par des dispositions précises, sans les circonstances qui les font sortir de la catégorie pénale pour les placer dans les cas d'excuse que le Code n'a pas plus osé exprimer que le fait qui y donne lieu.

Nous motiverons dans le chapitre suivant la sagesse de la loi ainsi entendue, et par suite les dangers de criminaliser en tous cas des actes qui, dans notre nouvelle comme dans notre vieille France, commandent tant de ménagements.

CHAPITRE II.

Exemples des duels. — Législation ancienne et nouvelle.

Le duel, autrement dit la convention de se rendre raison par les armes d'une offense ou d'une injure, n'est pas, comme on le croirait, d'origine gauloise, et presque propre à notre nation ; il remonte à la plus haute antiquité chez tous les peuples de la terre. Au lieu de sortir des temps de barbarie, il paraît plus naturellement avoir pris naissance dans le courage du soldat, qui, se croyant supérieur, au moins égal à ceux contre lesquels il devait combattre, sortait des rangs pour défier le plus brave d'entre les ennemis. Les généraux en chef des armées ennemies (1), les rois ont toujours tenu pour honteux le refus de répondre à une provocation.

Marcellus, Torquatus, Corvinus, tuèrent en

---

(1) Là au moins le combat s'individualisait, au lieu des masses qui s'entr'égorgeaient.

duel leurs provocateurs et acquirent par là une grande gloire pour eux et leurs concitoyens.

Scipion l'Africain fut honoré pour avoir tué en Espagne un ennemi qui l'avait provoqué à un combat singulier.

Le combat des *Horaces* et des *Curiaces* est-il autre chose qu'un duel?

Alexandre-le-Grand, dans un duel avec le Perse *Spithrobate*, lui traversa la poitrine d'une lance, et le tua; il accepta encore un duel avec *Porus*, roi des Indiens. (Diodore, *de Gestis Alexandri.*)

Pyrrhus se battit avec *Panthacus;* et tant d'autres cas qu'il serait si facile de recueillir.

En France, nos rois ont envoyé plusieurs fois des cartels aux rois leurs ennemis: Louis-le-Gros, Charles de Sicile, Édouard III, jusqu'à François Ier, qui, après avoir dit à Charles-Quint qu'il en avait menti par la gorge, le somma de venir au combat pour finir toutes écritures. Lorsque Turenne saccageait le Palatinat, l'électeur palatin ne lui envoya-t-il pas un cartel? ce qui fit dire à Voltaire que « c'était l'effet d'une très-juste indignation d'un prince sensible et cruellement offensé. » Le duc de *Beaufort*, général des armées de la Fronde, n'at-il pas tué en duel le duc de *Nemours?*

Le fils du duc de Guise a proposé un duel au grand Condé; *Louis* XIV lui-même demanda s'il serait permis en conscience de se battre contre l'empereur *Léopold*. Si les deux rois de France qui, pour épargner le sang des peuples, offrirent généreusement de terminer des guerres malheureuses par un combat singulier, avaient vu relever le gant du combat, le duel eût-il jamais eu le caractère d'une bravoure plus honorable?

Plus récemment, le prince de Condé a croisé le fer avec son capitaine des gardes; le comte d'Artois, devenu Charles X, ne balança pas à accorder satisfaction au prince de Bourbon qui se crut offensé dans la personne de son épouse. En regard de ces faits, l'histoire a flétri de lâcheté ceux qui n'avaient pas répondu à une provocation. *Pierre*, roi d'Aragon, n'y avait point échappé pour avoir refusé de se battre avec *Charles*, duc d'Anjou, frère du roi de France Louis VIII. Malgré cela, après les guerres civiles de la fin du XVIe siècle, les duels étaient si fréquents, qu'ils devinrent le texte d'une multitude d'ampliations législatives : édits, ordonnances, déclarations, lettres-patentes de nos rois, arrêts des parlements, jugements et règlements des maréchaux de France, avis des docteurs en théologie, résolutions des prélats, remontrances du clergé, décrétales des papes, des conciles, furent successivement et cumulativement publiés.

En voici l'analyse :

26 juin 1599, le Parlement de Paris, usant de ses prérogatives, rendit un arrêt de règlement par lequel « la Cour fait inhibitions et défenses à tous sujets du roi de prendre de leur autorité privée, *par duels*, la réparation des injures et ou-

trages qu'ils prétendent avoir reçus : ainsi leur enjoint de se pourvoir par-devant les juges ordinaires, sur peine de crime de *lèse-majesté, confiscation de corps et de biens* tant contre les vivants que les morts, ensemble contre tous gentilshommes et autres qui auront appelé et favorisé lesdits combats, assisté aux assemblées faites à l'occasion desdites querelles, comme transgresseurs des commandements de Dieu, rebelles au roi, infracteurs des ordonnances, violateurs de la justice, perturbateurs du repos et tranquillité publics. »

Cette mesure énergique du Parlement fut approuvée par Henri IV.

7 juin 1602, il porta un édit qui, par les motifs dignes de ce grand roi, « déclare ceux qui provoquent en duel, *coupables du crime de lèse-majesté ;* ordonne à la partie offensée d'adresser sa plainte au gouverneur de la province, et charge les connétables et maréchaux de France de prononcer; ordonne même que le procès soit fait à la mémoire de ceux qui ont succombé en se battant en duel, étend cette peine aux témoins ou seconds, et ordonne en outre la confiscation de leurs biens. »

Juin 1609, il fut renouvelé par le motif que le premier n'avait pas produit son effet.

1er juillet 1611, déclaration du roi portant défenses d'user d'appel ni de rencontres, suivant l'édit des duels de 1609.

18 janvier 1613, autre déclaration sur les édits des duels, portant confirmation et augmentation d'iceux.

27 janvier 1614, arrêt du Parlement sur l'exécution de l'édit contre les duels et combats singuliers.

1er octobre 1614, déclaration du roi sur les édits de pacification des duels, combats et rencontres ; défenses à tous sujets d'entrer en ligues et associations.

14 juillet 1617, lettres-patentes du roi pour l'observation des édits, ordonnances et déclarations faites sur la défense des duels, avec ampliation.

6 mars 1621, arrêt du Parlement sur l'exécution de l'édit contre les duels et combats.

Août 1623, édit sur la défense des querelles, duels, appels et rencontres, portant confirmation et augmentation des peines contenues aux édits, déclarations et arrêts sur le même sujet.

24 avril 1624, arrêt du Parlement contre les sieurs Bouteville, comte de Pougibaut, le baron de Chantail et des Salles, pour s'être battus en duel le jour de Pâques.

29 avril 1624, autre arrêt contre les sieurs de Bouteville et de Chantail.

26 juin 1624, de par le roi, défense aux seigneurs de favoriser les duels.

28 janvier 1625, arrêt du Parlement contre ceux qui se sont battus en duel.

Février 1626, édit sur le fait des duels et rencontres.

14 mai 1627, déclaration du roi pour le retour des ducs d'Halluin et sieur de Liancourt.

29 mai 1634, déclaration du roi sur le fait des duels et rencontres.

31 mars 1635, arrêt du Parlement contre les duels, confirmé par arrêt du Conseil privé du roi.

28 avril 1636, déclaration sur les duels.

3 mars 1638, arrêt portant que les édits des duels des 29 août 1623 et 24 mars 1626, et la déclaration du 28 avril 1636 sur le fait des duels, seront exécutés.

4 mars 1639, arrêt du Parlement contre ceux qui contreviennent aux édits du roi touchant les duels et rencontres.

7 décembre 1640, arrêt du Parlement en exécution desdits sur les duels et rencontres.

Juin 1643, édit sur la punition et prohibition des duels.

11 mai 1644, déclaration du roi portant itératives défenses à toutes personnes de se provoquer, battre en duel, rencontrer ou autrement, ni contrevenir aux édits et déclarations.

13 mars 1646, déclarations sur la défense des querelles, duels, appels et rencontres, portant confirmation et augmentation des peines contenues aux édits, déclarations et arrêts.

Septembre 1651, édit contre les duels et rencontres.

Mai 1653, déclaration du roi contre les duels.

30 juillet 1657, arrêt du Parlement portant réitération des défenses contre les duels.

Août 1658, déclaration explicative de celle de mai 1653 pour la succession de ceux qui auraient été tués en duel.

••••••••••••••••••••••••••

1er juillet 1651, jugement des maréchaux de France sur la déclaration faite par plusieurs gentilshommes de refuser toute espèce d'appels.

28 août 1651, résolution des prélats sur cette matière.

10 août 1651, avis des docteurs en théologie de la faculté de Paris.

22 août 1653, règlement des maréchaux de France touchant les réparations d'offenses entre les gentilshommes, pour l'exécution de l'édit contre les duels.

31 août 1653, remontrance du clergé de France faite au roi, la reine présente, sur un édit nouveau contre les duels.

La décrétale du pape Nicolas, chapitre 22, est aussi positive.

Le Concile de Trente, sess. 25, chap. 10, dit :

« L'usage détestable des duels, qui a été introduit par l'artifice du démon pour perdre les âmes, après avoir donné cruellement la mort au corps, doit être entièrement aboli parmi les chrétiens..

« Nous excommunions, dès à présent et sans autre forme de procès, tous empereurs, rois, ducs, princes, marquis, comtes et autres seigneurs temporels, à quelque titre que ce soit, qui auront assigné et accordé quelque lieu pour le duel entre les chrétiens.

« Pour ceux qui se seront battus et les autres vulgairement nommés leurs parrains, nous voulons qu'ils encourent la peine de l'excommunication et de la proscription de tous leurs biens, qu'ils passent pour des gens infâmes et soient traités avec la même sévérité que les sacrés canons traitent les homicides ; s'il arrive qu'ils soient tués dans le combat, ils seront pour jamais privés de la sépulture en terre sainte. »

L'assemblée extraordinaire du clergé, tenue en 1700, condamna formellement les deux propositions suivantes :

1° *Vir equestris ad duellum provocatus potest illud acceptare, ne timiditatis notam apud alios incurrat.*

2° *Potest etiam duellum offerre, si non aliter honori consulere possit.*

Comme on le voit, les rois rendaient des édits et déclarations portant peine capitale et confiscation des biens.

Les parlements envoyaient, avec une inflexible sévérité, à la potence les combattants et leurs seconds.

L'Église lançait sur eux les foudres de l'excommunication ; elle flétrissait leur mémoire et les privait de sépulture.

La puissance temporelle, la puissance spirituelle, la religion, le trône, le ciel et la terre, tout se réunissait pour extirper le duel, tout est venu échouer contre l'écueil qu'on cherchait à renverser. Rien ne prouve mieux que les coups portaient à faux ; ce qui porte la démonstration à l'évidence, c'est que tous ces actes de la puissance législative ou judiciaire étaient motivés sur les plus hautes considérations de religion, d'ordre, de sûreté publics, et que cependant chacun d'eux commence toujours par l'aveu que celui qui a précédé n'a produit aucun effet, qu'au contraire les duels se sont multipliés.

Cette expérience montre que des lois sévères ne peuvent pas plus que la violence arracher à un peuple des habitudes ou même des préjugés avec lesquels il s'est tellement identifié, qu'il ne lui est plus possible de les abandonner.

Ce qu'on n'a pu obtenir du glaive de la justice et des foudres du Vatican s'obtiendra-t-il mieux aujourd'hui d'une jurisprudence nouvelle qui se trouve neutralisée par celle qui précédait immédiatement, et par l'absence de toute interprétation législative, et par la force irrésistible du préjugé qu'il s'agit de détruire ?

Nous n'osons l'espérer.

Il ne peut être douteux que l'extension qu'on veut donner à la loi actuelle n'en force le sens, de manière à la rendre inapplicable dans la presque totalité des cas. Pourra-t-on jamais, même pour les poursuites, assimiler l'homme qui, dans un duel, a tué son adversaire, avec l'assassin qui n'a été poussé au crime que dans un esprit de vengeance ou de vol? punira-t-on le duel, quelle qu'en soit l'issue? ou ne s'arrêtera-t-on qu'au résultat? Dans le premier cas, il n'y a point de délit matériel; dans le deuxième, la culpabilité résulte moins de l'effet que de la cause qui l'amène. Une fois en combat et les armes à la main, la défense ne devient-elle pas légitime?

Ce serait donc à la cause qu'il faudrait se reporter; mais alors toutes les difficultés se présentent : une parole, un geste, peuvent indiquer le mépris ou la menace; un simple signe peut, suivant le lieu et le moment, suivant la personne à qui il s'adresse, avoir le caractère d'outrage ou de provocation. Il y a là tant de causes agissantes, qu'il sera toujours impossible de les rendre, ou de les faire comprendre, aux juges les plus exercés. Si ces causes ont produit leur effet naturel; si la réaction a été autant et même plus vive que l'action; si des explications s'ensuivent et que, dans cette ondulation réciproque d'attaques et de ripostes, une menace, un soufflet partent, démêlera-t-on la provocation, lorsque, n'étant d'abord qu'une légère offense, elle s'est successivement accrue de celle de l'adversaire et a fini par armer l'un contre l'autre deux hommes pour avoir raison de leurs injures respectives? Dans cette première période, que de nuances à saisir! Il arrivera souvent que les injures ont été telles que des gens de cœur ont dû se faire entre eux une justice qu'ils eussent vainement demandée aux tribunaux.

La loi ne pourra donc pas plus que le juge saisir le duel et sa cause; elle ne pourra surtout faire la division de la cause, qui était volontaire d'abord, et de l'effet, qui est devenu une nécessité; elle ne pourra établir une justice pour la première période où se trouve une cause blâmable, et une autre justice pour l'effet contraire à sa cause : si les deux existaient, elles se détruiraient souvent l'une par l'autre.

Tant qu'on n'aura pas créé une justice répressive, celui qui a reçu une offense en cherchera partout la réparation; nul tribunal au monde ne pourra le punir d'avoir voulu l'obtenir. Si la loi offrait un remède sûr contre les actes qui blessent l'honneur, n'est-il pas évident que nul ne serait tenté de recourir à un moyen équivoque et toujours dangereux? C'est là qu'il faudrait placer ce qui manque; autrement il faut bien s'en rapporter à l'opinion, qui, à défaut de tout juge, s'empare des faits qui lui arrivent. Si elle repousse, la loi ne pourra pas plus que le juge faire admettre; si un mot, un regard suffisent aux yeux du public pour constituer une insulte, ne doivent-ils pas également suffire à la justice?

C'est surtout dans les outrages de famille qu'on trouvera une cause presque obligée d'un duel. Le frère qui a vu sa sœur succomber sous les coups d'un suborneur affichant son triomphe n'a-t-il donc aucun moyen d'obtenir une réparation qu'il demanderait vainement aux tribunaux? *Jacques Legris* ne fut-il pas, sous le règne de Charles VI, condamné à se battre en duel avec *Jean de Carouge*, parce que celui-ci l'avait accusé d'avoir violé sa femme?

Ne pas tolérer le duel en ces cas, ce serait, il faut le craindre, forcer l'assassinat.

Dans une autre sphère, n'a-t-on pas vu le duel exercer son empire sur cette immortelle assemblée Constituante, modèle en tout genre?

M. de *Montlosier* contre M. *Huguet*, *Barnave* contre *Cazalès*; celui-ci reçut une balle au front heureusement amortie par son chapeau, dont les deux doubles furent percés, ce qui lui a souvent fait reconnaître les obligations qu'il avait à son chapelier.

Le duc de *Castries* contre M. *Charles de Lameth*; M. de *Cussi* contre un particulier qui l'avait apostrophé à table d'hôte, à raison de ses opinions politiques.

M. de *Beaumets* contre le vicomte de *Mirabeau*, lequel dit à son frère lorsqu'il vint le voir après le combat : Soyez le bienvenu, monsieur le comte, approchez-vous sans crainte ; mon mal n'est pas contagieux, on ne le prend que quand on le veut bien.

Pour puiser dans nos mœurs actuelles, prenons ce qui vient de se passer à la Chambre des Députés à l'occasion des élections de Ploërmel. Un préfet emploie tous les moyens pour empêcher la réélection d'un député; celui-ci vient à la Chambre dénoncer les faits, il en offre la preuve; sans accepter cette preuve, le ministre les dénie; le député s'étonne qu'avec l'infamie de telles manœuvres on ait la lâcheté de les dénier; le préfet, au sortir de la séance, dans le palais même de la Chambre, provoque le député : est-il possible de ne pas se faire raison d'offenses de cette sorte, puisqu'on ne peut l'obtenir ni de l'administration, ni de la Chambre, ni des tribunaux?

Dans le département de la Nièvre, un électeur avance, comme le tenant de M. Brunier, beau-frère de M. le président Dupin, que le préfet a offert une recette à M. Brunier pour qu'il renonce à sa candidature; M. Badouix lui crie, *coram omnibus*, QU'IL EN A MENTI. A l'instant il applique un soufflet à M. le préfet. Qui, s'il blâme cette riposte, ne blâme plus nettement encore le démenti public, surtout quand intervient, après comme avant, l'affirmation de M. Brunier que l'offre lui a réellement été faite? En pareille circonstance, M. *Girard* et M. *Badouix* pouvaient-ils se replacer dans la société sans y porter la honte du démenti ou celle du soufflet reçus?

Mille autres cas plus ou moins analogues se présenteront dans les élections, soit de la part des agents du pouvoir, qui en politique croient qu'ils peuvent employer tout leur zèle, tous leurs moyens, pour faire réussir le candidat qui leur est indiqué; soit de la part des électeurs ou partisans de l'un ou l'autre des concurrents, pour écarter celui qui leur est contraire. Indépendamment de toutes ces circonstances, qui amèneront inévitablement des nécessités fréquentes de réparation ou de satisfaction publiques, il ne faut pas se dissimuler que le duel est plus invétéré chez nous qu'ailleurs : il existe dans tous les états policés. Le 9 février 1819, il y eut dans la séance des États-Unis une motion tendant à ce que le président fût forcé de biffer des rôles de l'armée et de la marine tous ceux qui directement ou indirectement ont pris part au duel : le sénat ordonna le dépôt de la motion sur la table.

En avril 1819, la Chambre des députés de Bavière a pris en considération la proposition d'établir un tribunal d'honneur qui servirait à empêcher les duels.

CHAPITRE III.

Moyens de le combattre.

Chez nous le duel a pris source dans nos institutions de chevalerie; de là, où il était déjà si puissant, il a passé dans l'administration de la justice, avec laquelle il a fait corps pendant des siècles; devenu ainsi un mode d'exercice et de pratique judiciaire, il était considéré comme règlement de la justice divine, dont il était l'organe réputé le plus sûr.

Aussi, quand la loi le fit sortir de l'arène judiciaire (1), il entra immédiatement comme point d'honneur dans la vie sociale; exilé, il ne manqua pas d'asile, ainsi qu'on l'a dit à la Chambre des

____

(1) C'est sous le règne de Henri II, fils et successeur de François Ier, qu'eut lieu le dernier duel judiciaire entre *Jarnac* et *La Châtaigneraie*. Le roi y assistait : Jarnac fut le vainqueur, mais ce fut au moyen d'une attaque imprévue appelée depuis *le coup de Jarnac*.

Pairs, dans un pays qui partout le reçut comme préservatif contre l'injustice et comme établissant une égalité de vie et de chances entre individus qui, quelque inégalité qu'ils eussent au dehors, étaient appareillés dans le champ clos. Là tout le monde au moins pouvait aspirer aux distinctions de bravoure et de sang-froid qui seules y étaient admises.

Le duel paraît tenir à la nature toutes les fois qu'il prend sa source dans les rivalités ou dans les passions humaines; il a été très-fréquent dans les temps où chaque propriétaire de fief, étant une espèce de souverain, demandait réparation les armes à la main : le provoqué fut bien alors dans la nécessité de se présenter armé pour se défendre.

Une dette niée, un abus d'autorité, une attaque injuste, un amour contrarié, l'amour-propre blessé, tout sert de texte à un duel.

Lorsque cet usage a traversé des siècles, lorsque des citoyens paisibles, hommes d'honneur et de poids, avouent qu'ils obéiraient eux-mêmes, qu'ils ont même obéi à l'opinion qui l'établit, il faut bien voir qu'il y a là quelque chose de plus qu'un préjugé. Si, dans les lois, tout ne peut être prévu et puni, le combat reste comme auxiliaire de la justice régulière; il surgit comme preuve de la confiance du bon droit. Ces idées, animées par l'opinion qui s'arrêtait sur l'homme qui sacrifiait tout, même sa vie, à son honneur blessé, se renforcèrent encore de celle que le duel fait cesser toutes les distances; qu'il est un appel à l'égalité de bravoure; que l'homme de vanité est souvent retenu par l'idée qu'il peut être appelé à compter de sa forfanterie.

Tout ce qu'il y a de généreux et de noble dans le cœur est venu entourer l'acte que les lois cherchaient à flétrir; plusieurs même n'ont dû leur réputation et leur avancement qu'au duel : voilà autant de causes qui l'ont fait survivre à toutes les colères du législateur.

La loi n'a pu être crue lorsque, changeant de langage, elle a voulu faire considérer comme crime l'acte qu'elle autorisait la veille.

Un usage qui a de telles racines, un mal qui tient à tant de causes, n'est pas facile à extirper. Ne nous abusons pas, reconnaissons-lui une force occulte immense; tant qu'elle ne sera pas attaquée avec une force égale, elle ne pourra jamais être vaincue. Évitons avec soin une loi qui punisse ce que l'honneur ou même le préjugé commande; cherchons à saisir l'altercation à sa naissance, à empêcher qu'elle ne se développe avec l'idée que, ne pouvant se faire raison en paroles, on l'obtiendra autrement : il faudrait qu'à chaque phrase, sans attendre qu'il y eût un éclat qui laisse penser qu'il y a faiblesse ou lâcheté de ne pas avancer, chacun fût à même d'obtenir satisfaction; autrement, si les explications continuent, elles ne seront point arrêtées par l'idée d'un combat même à mort, parce que l'opinion se forme tout à la fois de l'impuissance de la loi et de l'impossibilité au juge de l'appliquer.

Si une disposition législative est tellement difficile qu'on peut pronostiquer son inefficacité, il faut en induire que .si elle intervient, elle commettra une grave erreur; en procurant l'impunité, au lieu de protéger la société, elle rehaussera le meurtrier, ainsi qu'on l'a dit, parce qu'après avoir triomphé de son adversaire les armes à la main, il en triomphera encore en face de la justice, et remportera ainsi deux victoires au lieu d'une.

Admettons, si l'on veut, que la loi soit rigoureusement appliquée; gardons-nous de croire que la condamnation produira l'effet qu'on en attend et qu'on doit toujours en attendre. Dans le cas de vol, d'assassinat, la société désire que l'auteur soit découvert; le jury, le juge n'ont qu'à le faire connaître; l'animadversion publique fait le reste. Quel rapport entre ce cas et celui d'un homme qui, se croyant insulté, a couru les chances de laver son affront dans son propre sang? Celui qui a fait le sacrifice de sa vie ne verra-t-il pas un nouvel attrait dans un danger de plus? La condamnation alors n'excitera-t-elle pas plutôt au duel qu'elle n'en donnera l'effroi?

Il faut attaquer le duel dans sa véritable cause, plutôt que de s'arrêter aux effets que la cause, si elle est intacte, produira toujours; en découvrant cette cause, il faut ne lui infliger que des peines homogènes avec elle; il faut trouver le moyen d'obliger l'agresseur à donner à l'offensé une satisfaction plus juste que celle d'immoler son adversaire, en exposant sa vie pour l'obtenir ; il faut faire sentir au militaire qui se glorifie à juste titre du sabre d'honneur qu'il a reçu, qu'il ne lui est donné que pour défendre la patrie ; que, s'il reçoit une offense personnelle, il doit être assez fier pour la mépriser ou assez généreux pour la pardonner.

Je ne sais si je m'abuse, mais je ne puis m'empêcher de croire que l'abolition de la peine de mort ne contribue plus efficacement que toutes les pénalités à atteindre la cause. Est-il possible de concevoir que les motifs qui détermineraient le législateur à abolir la peine capitale ne frapperaient pas également sur le duel, qui si souvent produit la mort ? Du moment où l'on verrait la loi reculer devant l'idée de faire périr un citoyen ; du moment où elle reconnaîtrait son impuissance et donnerait les raisons qui la déterminent à ne point disposer de la vie des hommes, dans le cas même où la société a reçu les plus grands outrages, quel est l'individu qui, se disant plus puissant que la loi, osera faire pour une altercation, par une interprétation plus ou moins juste d'une parole ou d'un geste, ce que le législateur a pensé n'avoir pas le droit de faire pour les cas les plus graves et jugés tels ?

Le rapprochement de la loi qui s'abstient et de l'homme qui ose ; l'impuissance où se reconnaît le législateur, contrastant avec l'audace de l'individu isolé, me paraissent de nature à combattre plus justement le préjugé que toutes les lois punitives.

Dans l'état actuel, la loi ne se met-elle pas en contradiction, en punissant d'un côté le duelliste qui n'a que l'appel à son adversaire pour se venger, et d'autre côté en négligeant tous les moyens de répression qui lui sont propres, pour ne garder que la mort? Le duelliste ne serait-il pas à même de dire à l'agent de la loi : Vous qui l'autre jour demandiez la mort quand vous aviez tous les moyens de préserver la société, vous venez encore la demander aujourd'hui contre moi qui n'ai cru pouvoir conserver autrement mon honneur et ma vie?

Au fur et à mesure que les connaissances humaines ont donné plus de valeur à l'homme, sa vie, ayant plus de prix, doit être plus respectée; elle est un droit individuel et personnel qui n'appartient à personne : aussi conçoit-on bien la légitime défense qui porte à ôter la vie à celui qui veut arracher la vôtre ; mais ce droit peut-il encore exister après que le danger a cessé, alors qu'il n'y a plus qu'à empêcher la récidive?

La loi ne veut pas que l'homme se venge lui-même d'un affront ou d'une injure, et cependant elle se venge à froid, en ordonnant la mort d'un homme qui n'est peut-être qu'égaré.

Ce qui doit forcer l'examen de cette question,

c'est l'idée que des milliers d'innocents ont, dans tous les temps, payé de leur tête les erreurs volontaires ou involontaires de leurs juges. C'est surtout dans les temps de révolution que la peine de mort est encore plus dangereuse. Quand une nation est en tourmente, elle ressemble à un homme en convulsion; il faut leur arracher les armes dont ils peuvent faire un usage si funeste et qui laisse des regrets d'autant plus cuisants, qu'après la tempête on eût retrouvé un citoyen, un époux, un père honorés des faits mêmes qui les avaient fait condamner. Mais la peur du mal, la peur du pouvoir, la peur des méchants se combinent l'une par l'autre : elles se groupent, et les trembleurs ne voient plus de sûreté pour eux que dans la conservation de la peine.

Le duel, il faut en convenir, est devenu, par l'adoucissement de nos mœurs, un préjugé barbare. Nous qui proclamons hautement que le respect des lois est et doit être absolu, nous ne pouvons qu'avec les plus grands efforts nous faire à l'idée qu'un acte dont le meurtre est le mobile et la fin, ne puisse être atteint, et que nous n'ayons qu'à en supporter l'impunité; que la loi soit condamnée à laisser à chacun le soin de punir les injures qui lui sont personnelles, et de se venger dans sa propre cause; qu'enfin le sort des armes étant douteux, la justice publique doit, en voyant succomber l'innocent, laisser joindre une deuxième injustice à la première.

Nous sentons ces raisons aussi vivement qu'un autre, et nous gémissons de ne pouvoir les détruire : mais n'ont-elles pas la même force à l'égard des gouvernements qui jettent des nations les unes sur les autres et les font lutter jusqu'à épuisement d'hommes et de ressources pécuniaires, en laissant souvent la victoire à celle qui n'avait d'autre titre qu'une injuste agression ?

La loi sur le duel ne tirant sa force que de l'assentiment public, il n'est pas étonnant que celle qui attaque les mœurs, les préjugés du pays, se trouve impuissante, puisqu'elle veut frapper comme coupables des hommes que le pays protége, et qu'il tient pour innocents ? La justice légale meurt si elle ne se soumet point à la justice naturelle et sociale.

Quelque blâmable que soit le duel pris en lui-même, il est depuis des siècles inoculé dans la nation. Qui sait si elle n'y tient pas d'autant plus qu'elle l'a toujours regardé comme un frein contre les vexations individuelles, comme un moyen de rappel à cette égalité à laquelle elle est prête à tout sacrifier ?

Au lieu de l'attaquer de front et avec violence, essayons, aujourd'hui que la société s'assoit de manière à ce que nul n'ait rien à en redouter, l'abolition du duel par l'abolition de la peine de mort. Si le duel survit, n'est-il pas à espérer qu'il recevra un échec plus terrible que celui résultant de lois théoriques qui n'ont jamais fait barrières, puisqu'elles ont toujours été renversées? Si les sacrifices étaient réciproques, les nations seraient d'autant plus disposées à abandonner leurs préjugés qu'elles verraient leurs gouvernements, aussitôt qu'ils le pourraient, ne pas défendre les rigueurs dont ils se sont armés. Les peuples prêteront à la justice une force qu'ils refusent à la volonté opiniâtre de leurs gouvernements; le génie avancé du pays, son discernement pour apprécier ce qui serait fait dans la vue de le soulager, le détermineront à un sacrifice qu'il fera naturellement et par représaille : le mouvement des peuples et l'immuabilité des gouvernements laissent entre eux l'espace de plusieurs siècles. Notre pays est dans une progression qui le rend déjà supérieur à tous ceux qui existent; ce qui s'est opéré dans notre inimitable révolution de 1830, n'est-il pas une irrécusable preuve de la raison populaire ?

Est-il possible de ne pas entrevoir l'étroite liaison de ces deux idées, que la peine de mort ne peut être abandonnée par la puissance publique, pour être livrée au caprice, à la susceptibilité, ni même au courage personnel des particuliers ?

La Cour de Cassation, dans trois arrêts, en date des 15 et 22 février dernier, vient de confirmer la nouvelle jurisprudence qu'elle a établie dans le cours de l'année dernière : il est cependant a remarquer que par suite de la cassation de l'arrêt de la Cour d'Orléans, qui avait déclaré qu'il n'y avait lieu à suivre, parce que le fait d'un duel ne constituait ni crime ni délit, la Cour de Bourges, à qui l'affaire a été renvoyée, et malgré les développements fort étendus du réquisitoire de M. le procureur-général Dupin, par des motifs de fait et de droit, a déclaré comme sa devancière qu'il n'y avait lieu à suivre, bien que dans l'espèce la mort s'en fût presque immédiatement suivie.

La Cour de Cassation, sur le deuxième pourvoi, a persévéré, en chambres réunies, dans la première décision que la section criminelle avait rendue le 22 juin dernier.

Il faut attendre l'effet du renvoi devant la Cour qui sera la troisième à prononcer dans la même affaire : peut-être y aura-t-il aussi à voir si l'application de la nouvelle loi d'interprétation après deux arrêts de la Cour de Cassation ne donnera pas lieu à quelques difficultés imprévues.

Les deux autres arrêts de la Cour de Rennes et de Poitiers, en date des 10 et 31 octobre 1837, rendus, par conséquent, depuis les nouveaux arrêts de la Cour de Cassation, ont refusé d'adopter la jurisprudence qu'ils établissent. La Cour de Toulouse l'avait déjà ainsi décidé le 23 novembre 1836.

Voilà une dissension d'autant plus fâcheuse, qu'elle prête appui à la résistance de l'opinion : il est à craindre que la Cour de Cassation ne rencontre dans cette circonstance, autant que dans l'obscurité et dans le silence de la loi, une cause d'affaiblissement de l'autorité de ses arrêts : en tout cas, même que les Cours royales mettraient en accusation, le danger ne disparaîtrait pas, si, comme il y a toute raison de le croire, les Cours d'assises acquittent les prévenus, ce qui, ainsi que nous l'avons dit dans un article précédent, après le premier triomphe d'un adversaire sur l'autre, lui en fournira un second sur la justice.

Malgré que la Cour de Cassation eût rendu en sections réunies son deuxième arrêt, et que la Cour de Paris, devant laquelle le renvoi avait eu lieu, eût, soit pour se soumettre à la nouvelle loi du 1ᵉʳ avril 1837, qu'on eût pu peut-être ne pas regarder comme applicable à des faits qui lui étaient antérieurs, soit pour sa propre opinion, traduit M. Pesson devant la Cour d'assises de la Seine, malgré encore qu'on eût posé au jury la question subsidiaire des coups et blessures, il y a eu déclaration de non-culpabilité sur tous les chefs.

Nous ne pouvons nous empêcher de voir qu'il résulte de la nouvelle jurisprudence de la Cour de Cassation l'inconvénient qu'alors même qu'elle serait adoptée sans résistance par les Cours royales, il faudrait, pour qu'elle produisît son effet, qu'elle le fût aussi par les jurys. Or, peut-on l'attendre d'hommes qui, affranchis de la rigueur des lois, et interpellés uniquement sur le fait de culpabilité, puiseront toujours la réponse dans leur sens intime , et dans la force du préjugé national auquel ils sont soumis, auquel ils pourront penser que la loi de leur création ne prescrit pas de se soustraire?

De cette manière , la Cour de Cassation n'aurait fait qu'entraîner les Cours royales à une interprétation qui, si elle est refusée par les jurés, aura le triste effet de présenter l'ordre judiciaire en désaccord avec l'opinion publique légalement exprimée par les jurés.

Ce qui l'indiquerait encore , c'est que la Cour d'Orléans vient aussi de rendre un arrêt très-fortement motivé, dans lequel elle admet que même des blessures graves reçues en duel ne constituent ni crime, ni délit, ni contravention.

Il ne reste qu'à appeler les plus profondes méditations sur des faits qui s'apprécieront toujours plus, quoi qu'on fasse, par le sentiment public que par une législation assez peu claire , d'ailleurs, pour qu'on puisse, de bonne foi, mettre en doute les rigueurs qu'on lui prête.

CHAPITRE IV.

Le duel, comme la loi qui le punit, prouve la nécessité
d'abolir la peine de mort.

Des deux chapitres précédents doivent sortir
des idées trop liées à la grande question de la peine
de mort, pour que le rapprochement ne s'en fasse
pas naturellement.

Indépendamment de ce qui a été dit ci-dessus,
que l'abolition de la peine de mort paraissait plus
propre que toutes les lois punitives à combattre le
funeste préjugé du duel, par la raison qu'elle en at-
taquerait la cause au lieu de la laisser intacte, si on
ne sévit que contre les effets qui s'ensuivront toujours, nous voyons qu'il n'est pas juste d'affirmer
que la peine de mort est le seul frein capable de préserver la société et de contenir les grands coupables, puisque, dans les cas du duel, les duellistes
qui rencontrent deux fois la mort en face ne sont
point arrêtés par ce double danger. La mort se
trouve pour eux dans le combat lui-même; elle
se retrouve encore dans la peine que la loi pro-

nonce pour l'avoir donnée, ou seulement pour avoir couru le risque de la donner ou de la recevoir : les témoins eux-mêmes s'exposent au deuxième danger, sans que la peine arrête les uns ni les autres.

Concluons de ce rapprochement que la peine de mort n'est pas aussi préservative qu'elle paraît l'être, puisque dans les cas du duel elle est impuissante.

Ainsi, on voit que souvent pour une faible cause, et sans être en rien arrêtés par le risque de la mort, des hommes vont s'armer les uns contre les autres, s'insurger contre la société, contre les lois; et l'on veut que des êtres dominés par les passions les plus ardentes, par la haine, par la vengeance, par la soif de l'or, par les dépravations de toute sorte, soient retenus par la crainte de la mort, qui est sans effet sur les premiers! Mais la supposition n'en est pas admissible : elle l'est encore bien moins quand on y ajoute ce rapprochement que, dans un duel, la mort se voit en face, et que celui qui y échappe retombe aussitôt sous la loi qui la prononce; tandis que les autres ne l'aperçoivent que dans le lointain, et qu'agissant dans les ténèbres, ils commettent le crime avec l'idée qu'ils ne seront pas découverts.

Ce qui serait bien autrement propre à agir sur les malfaiteurs, ce serait la certitude du châtiment plutôt que la peine de mort avec l'incertitude de la subir : incertitude qui s'accroît encore, même après qu'ils ont été découverts, par la quantité d'acquittements, résultant, soit de l'évidence de preuves qu'il faut avoir pour prononcer cette peine, soit de la répugnance que la plupart des jurés ont à l'admettre lorsqu'il y a le moindre doute.

Essayons de substituer la certitude des travaux forcés aux incertitudes de la peine de mort; nous verrons si le malfaiteur ne sera pas plus arrêté par la crainte d'une peine perpétuelle qui le séquestrera à jamais du genre humain pour travailler sans cesse, que par la crainte de la mort, qui pour lui n'est que la peine d'un instant et la cessation d'une misérable vie. Qu'il sache bien qu'il sera puni, et que sa peine sera de vivre dans le travail et dans les fers.

C'est au moment où la question du duel se ranime judiciairement, où celle de la peine de mort s'examine dans tous les pays, que les esprits qui s'en sont occupés doivent apporter leur contingent dans la balance. Ce n'est plus à des théories qu'il faut s'arrêter, c'est par les faits expressifs du sentiment public qu'il serait plus convenable de se déterminer.

Entre autres faits qui se sont multipliés dans nos grandes journées, je ne puis m'empêcher de citer celui-ci, dont j'ai presque été le témoin. Le 29 juillet au matin, deux frères combattaient rue de Rivoli : l'un d'eux tombe sous un coup de feu tiré presque à bout portant par un Suisse de la garde; l'autre se précipite en courant sur le meurtrier de

son frère, au coin de la rue du 29 Juillet; le combat était à mort : des citoyens arrivent au secours;
le Suisse est bientôt saisi et prisonnier. Le frère,
animé de vengeance, allait frapper; les assistants
arrachent les armes du Suisse et s'écrient : Il est
désarmé. Sa vie fut respectée.

Dans la nuit de cette journée mémorable, l'auteur de cet écrit, chargé de la police de Paris,
reçut, entre onze heures et minuit, avis de deux
citoyens qu'ils connaissaient le lieu où se trouvait
l'un des principaux ministres de Charles X; qu'avec
un mandat ou un ordre de ma part, il me serait
amené immédiatement. Le dirai-je, l'idée de la
mort, dont je regardais que l'ordre demandé allait
être la cause, la répugnance que j'avais depuis
longtemps contre cette peine, particulièrement en
matière politique, la fermentation que l'arrestation
était de nature à faire naître, me suggérèrent la
réponse que la police préventive avait trop fait de
mal pour que je la continuasse; que je n'avais
point reçu d'ordre ni d'instruction; que le juge
pouvait seul agir en pareille circonstance; que,
loin de donner un ordre d'arrestation, je voudrais
pouvoir transmettre un passe-port, avec invitation
de quitter immédiatement la France...

Quelques heures après, je reçus le même avis
pour un autre ministre; j'hésitai encore moins à
faire la même réponse.

Le lendemain matin, je fis délivrer un passe-port
en blanc à M. Mangin, mon prédécesseur, puis à

madame Mangin, à M. et madame de Vaulchier, et à tous autres dans des positions plus ou moins analogues.

Si les ministres fussent partis, ils auraient évité les embarras et les dangers du jugement qu'ils ont eu à subir : une condamnation par contumace aurait eu lieu, afin qu'impunité ne fût pas consacrée, et la mort, même pour un grand crime, ne s'en fût point ensuivie.

CHAPITRE V.

Rapports plus généraux sur la question.

Quoique depuis longtemps on ait examiné si, lors de la formation des pouvoirs de la société, avait pu s'y placer justement le droit de disposer de la vie de ses membres, pour assurer la vie et quelquefois seulement le patrimoine des autres, la question est sortie de ces régions abstraites, où les dissertations les plus étendues n'amenaient aucune démonstration et ne donnaient aucune conviction. A mesure que les idées pénétraient dans le cœur de notre organisation sociale, on ne s'est plus contenté d'examiner la source théorique des pouvoirs; on a plus réfléchi sur leur action, sur leur effet, que sur leur cause.

Les condamnations qui portaient à faux, pour lesquelles il n'y avait plus aucun moyen de réparation, éveillèrent bien plus vivement les discussions : elles répandirent partout cette idée, que les jugements humains n'étaient pas assez sûrs pour que la société pût donner la mort à un homme condamné par d'autres hommes.

Sans remonter aux exemples des Sirven, des Labarre, et de tant d'autres victimes de la faillibilité et des erreurs volontaires ou involontaires de l'homme, on peut citer l'affaire qui s'est présentée il y a très-peu d'années aux assises de Lot-et-Garonne.

Miquel père et fils avaient émis douze pièces de 5 fr., Mensat trois identiques.

Le contrôleur des monnaies déclare les pièces fausses : il indique même la combinaison des divers métaux, et les procédés de fabrication.

Pour plus de sûreté, un orfévre est appelé; il affirme également la fausseté.

Après que justice eût prononcé, les pièces, envoyées à la monnaie suivant l'usage, ont été reconnues bonnes et frappées dans les ateliers de l'État.

Si l'erreur est possible dans un cas qui, comme celui-ci, gît dans un fait matériel, dont tous les éléments sont réunis et faciles à vérifier, que peut-il en être dans ces accusations, basées sur des éléments épars, sur des semi-preuves, sur des circonstances morales qui s'apprécient de tant de manières diverses, etc.? Qui ne connaît le trait de ce juré anglais? Malgré l'évidence des preuves, il se refusait obstinément à prononcer la culpabilité de l'accusé, parce que lui-même était le véritable assassin.

En matière politique, l'erreur tombe sur la criminalité elle-même. Tel succombe aujourd'hui qui demain serait mis en honneur pour le fait même qui l'a conduit à la mort.

Plus l'instruction et l'industrie se répandent, autrement plus l'homme vaut, plus sa vie acquiert de prix. Il n'est point étonnant qu'aujourd'hui cette question soit arrivée à un point de maturité tel, qu'il n'est plus possible d'en reculer la discussion.

Il y a toujours danger de ne pas suivre l'instinct national; il y a toujours faute du gouvernement, de ne pas pressentir le besoin et le devancer. Les anciens supplices ne pourraient plus aujourd'hui se représenter : si la mort simple commence à ne plus sympathiser avec nos mœurs, il faut en faire le sacrifice. Comment en douter, quand le peuple, aux prises avec des assassins, refusait de leur donner la mort aussitôt qu'ils étaient désarmés et dans l'impuissance de nuire ?

Le peuple, trop méconnu, nous donne l'exemple de la générosité qui ne permet pas qu'on abuse, même qu'on use de la force vis-à-vis du faible, et du respect que nous devons à la vie des personnes qui ne peuvent plus nuire.

Sanctionnons le sentiment populaire exprimé dans ces derniers temps, et plus énergiquement encore par l'organe des hommes courageux blessés dans les grandes journées; proscrivons ce droit absolu de vie et de mort sur nos semblables;

reconnaissons à la société, comme à tout homme, le droit de résister par tous les moyens à l'agression actuelle : mais quand l'agresseur est hors de combat et dans l'impuissance de nuire, la mort même du plus grand coupable, n'étant plus commandée par une légitime défense, devient un acte de froide vengeance. On ne peut être autorisé à faire mourir pour l'exemple que celui qu'on ne peut conserver sans danger.

La séquestration de la personne fournit un préservatif assuré contre toute récidive. Il est peu de méchants qu'on ne puisse rendre bons à quelque chose.

La société qui, par un injuste attentat, perd l'un de ses membres, est-elle bien satisfaite par le sacrifice d'un autre? Quel dédommagement offre-t-il à l'État ou à la famille lésée? Ne vaudrait-il pas mieux faire expier le forfait dans des travaux profitables à tous?

Après la rentrée des prisons de François Ier, le maréchal de Brissac faisait entrer dans sa garde tous les gentilshommes bannis de leurs provinces, condamnés par la justice ou exécutés en effigie; un chevalier poursuivi pour meurtre, violence ou brigandage, était reçu sans examen. Cette étrange milice, se jouant des dangers et de la mort, sacrifiait tout au courage. Le maréchal ne considérait ces gentilshommes que comme des victimes qu'on devait sacrifier au salut de l'armée; leur sang en épargnait d'autre; leurs familles éprouvaient peu de regrets de leur perte : quand ils vieillissaient dans la gloire des armes, leurs exploits les faisaient respecter, effaçaient souvent les torts d'une imprudente jeunesse ou d'une vie égarée.

Ce général résolvait ainsi le problème du gibet et de la potence. Il pensait que les plus dépravés pouvaient toujours devenir utiles dans un état où il y a tant d'aventures à courir.

Quand la force publique est armée contre un seul, quelle nécessité de le faire mourir? Le vainqueur qui immole le prisonnier est un barbare; l'homme qui fait égorger celui qu'il peut désarmer et punir, paraît un monstre : un condamné n'est plus pour la société qu'un ennemi vaincu et impuissant; il est devant elle plus faible qu'un enfant devant un homme. Aussi plusieurs bons esprits pensent que ces scènes de mort, ordonnées avec tant d'appareil, ne sont que des égorgements commis avec les formes légales. La loi qui frappe encore celui qui est désarmé et qu'elle peut mettre dans l'impuissance d'agir, ne saurait être défendue.

La vie est un don que, dans des combinaisons qui leur sont personnelles, les hommes ne peuvent détruire sans contrarier cette cause universelle qui vivifie l'univers par les individus comme par les masses.

Là où les lois sont cruelles, les mœurs s'en ressentent : le meurtre entre particuliers inspire moins d'effroi quand la loi en donne l'exemple.

La mort émousse le sentiment moral du peuple; l'usage des châtiments cruels abrutit et dégrade; il affaiblit les ressorts du gouvernement, en voulant les tendre avec trop de force.

Notre loi du sacrilége, en inventant le crime de lèse-majesté divine, a blessé la raison publique, qui n'a pu *admettre* que Dieu demandât du sang pour sa vengeance. Aussi n'a-t-elle pas pu s'exécuter.

Dans les pays où la liberté est organisée, la licence punie, les lois pénales sont plus douces, les crimes plus rares. L'homme éclairé conçoit mieux ses droits et sait mieux les faire respecter ; il apprendra bientôt que le plus sûr moyen de ne point laisser attaquer sa vie et sa propriété, est de respecter celles des autres.

Le législateur qui châtie trop durement, agit comme un maître qui commande à des esclaves ou à des brutes sans discernement.

N'accoutumons pas le peuple au spectacle du sang; ne familiarisons pas le juge avec les peines capitales.

Si quelquefois l'homme qui marche au supplice fait naître un autre sentiment que la pitié, c'est autant par horreur des actes qu'il a commis que par la peur de les voir se reproduire.

Dès qu'on admet cette première idée qu'il faut sacrifier des vies pour assurer celles des autres, que c'est une nécessité pour l'État et pour la paix publique, tout se dispose naturellement pour ce but : le public agit sans répugnance; il s'habitue à la mort, comme le juge à envoyer des coupables au supplice, le chirurgien à voir succomber des êtres souffrants sous son instrument, le général à ordonner une bataille dans laquelle la vie de mille soldats sera sacrifiée.

Lorsque l'idée de mort est admise, chacun marche avec l'ensemble : des hommes qui, la veille, s'occupaient des arts et du commerce, s'occupent avec la même facilité de mort et de destruction. La loi romaine défendait de mettre à mort un citoyen. *Sylla* vainquit et déclara dignes de mort tous ceux qui avaient porté les armes contre lui; *Caligula* prononça la même peine contre les sacriléges qui s'étaient déshabillés devant l'image de l'empereur. L'idée que la mort est le seul bouclier contre les malfaiteurs ou contre nos ennemis n'est fondée que sur la peur excitée en nous par un trop vif désir de conservation; cette peur nous domine au point de tout lui sacrifier; les particuliers, le gouvernement adoptent la mort comme unique moyen de répression; elle nous rassure à raison de celle que nous craignons d'autrui, ou des dommages que nous en redoutons. Chacun juge d'après son propre sentiment; ceux qui ne craignent pas la mort disent que, n'étant point un frein, il faut l'abolir; ceux qui la redoutent, la regardant au contraire comme capable d'arrêter les plus déterminés, veulent la maintenir.

Avant de s'abandonner à ces idées, il faut calculer tous les ressorts par lesquels les lois pénales peuvent agir sur la sensibilité humaine, sur la nature d'un homme souvent égaré, susceptible, par un régime pénitentiaire substitué à l'école du crime dans nos prisons, d'être replacé dans la ligne du devoir. Ce régime organisé avec sagesse aurait le triple avantage de rassurer, de laisser les moyens de réparer les erreurs, et d'employer la vie du condamné à des actes utiles. Quels sont donc les hommes qui peuvent affirmer que celui qui est condamné est incapable de remords et de retour vers le bien; que l'àme la plus féroce ne peut plus être ouverte au repentir et à la vertu?

Cette raison est absurde, elle est anti-religieuse: l'homme domine tout, il dompte les animaux les plus féroces; il ne pourrait se dompter lui-même! Avant de croire à une idée aussi désolante, il faudrait une démonstration autre qu'une affirmation sans l'épreuve que nous n'avons jamais eu le courage de faire. Sur de telles conjectures, faut-il faire périr? ne vaut-il pas mieux conserver la vie et attendre?

La Convention nationale, après l'expérience qu'elle avait acquise sur elle-même, en avait fait la tentative; le 4 brumaire an IV, au moment de se dissoudre, elle décréta l'abolition de la peine capitale à dater du jour de la paix générale. Si, au lieu d'en renvoyer l'exécution, elle l'eût admise au commencement de sa carrière!... Le 8 nivôse an X, au moment où la paix allait se signer avec toute l'Europe, cette loi, loin de recevoir son complément, fut abrogée; ayons le courage de la reproduire : la mort de notre semblable, quel qu'il soit, brise l'âme, elle émousse la sensibilité populaire, elle attaque les plus nobles sentiments du cœur humain.

Ce qui nous encourage dans cette question, et nous donne l'espoir de la voir triompher, au moins de la voir devenir l'objet des dissertations les plus sérieuses, c'est que nous vivons sous un prince éclairé, qui en a fait depuis longtemps le sujet de ses méditations. Dans les positions diverses où le sort l'a placé, il a pu rapprocher les effets de la cause, et se former de justes idées sur les uns comme sur l'autre. Il a malheureusement été mis à même de voir quel usage les peuples comme les rois ont fait de cette arme funeste. Dans les temps d'agitation ou de tourmente civile ou religieuse, il a conçu l'espoir d'arracher cette arme, sans altérer en rien la tranquillité des uns ni la sécurité des autres. Venons-lui en aide dans une pensée d'autant plus généreuse, qu'il a eu le courage de l'appliquer à son propre assassin. C'est par la clémence et la grandeur d'âme, et non par l'échafaud, qu'il veut désarmer les partis.

Quel écho dans le monde civilisé, que ces mots proférés par notre gouvernement nouveau : « La peine de mort est abolie ! »

Aujourd'hui que la France ne cherche qu'à con-

solider l'édifice qui a recueilli notre dynastie nouvelle, et marquer le terme de toute révolution,
quel éclat ne recevrait pas le règne du prince qui
a été le plus menacé dans sa vie, lorsqu'en face
des gouvernements qui observent attentivement
nos progrès, il publierait les paroles si rassurantes
pour tous, qu'il n'a plus besoin de peines capitales
pour faire respecter l'ordre public !

FIN.

TABLE

DES CHAPITRES.

FIN DE LA TABLE.